Michael Herbst
Reden vom heruntergekommenen Gott

Michael Herbst

Reden vom heruntergekommenen Gott

Für Christiane,
die die Vorbereitung von Predigten
seit 20 Jahren erträgt
und doch die Freude und Leidenschaft
zum Predigen versteht

Titelgestaltung: H. Namislow
Druck: Breklumer Druckerei Manfred Siegel KG
Printed in Germany
ISBN 3-7615-3703-4
Bestell-Nr.: 113 703

Inhalt

Vorwort

Predigten und Bibelarbeiten aus den letzten sechs Jahren sind in diesem Band zusammengetragen: im Osten wie im Westen gehalten, in Gemeindegottesdiensten wie auf Konferenzen. Sie verknüpfen zudem drei Orte beruflicher Existenz: die Ev. Matthäus-Kirchengemeinde in Münster/Westfalen, das Kinderzentrum Gilead in Bethel bei Bielefeld und die Universität Greifswald. Und sie erzählen auf je eigene Weise von dem „heruntergekommenen" Gott, der seinen Menschen und seiner Welt unbeirrbar zugewandt bleibt und dessen Liebe ihn hinab auf die Erde und hinein in das Leben der Menschen zog.

Wenn den Leserinnen und Lesern dieser Reden die erstaunliche und ermutigende Botschaft „einleuchtet", hat dieses kleine Buch sein Ziel erreicht.

1 „Seht hin und freut euch!"

Bibelarbeit beim Kirchentag 1999 Stuttgart (17.6.1999) – Jesaja 65,17-25

Warum wurde EDWIN, der König von Northumbrien, Christ? BEDA VENERABILIS' Bericht dazu stammt aus dem 7. Jahrhundert nach CHRISTUS: demnach habe einer der Räte am Hof des Königs auf die Frage Seiner Majestät, wozu denn die Lehre der Christen nützlich sei, geantwortet:
„Majestät, wenn wir unser gegenwärtiges Leben auf Erden gegen die Zeit aufwägen, von der wir nichts wissen, so scheint mir dieses Leben wie der schnelle Flug eines Sperlings durch diese Festhalle, in der Sie mit Ihrem Gefolge zur Mahlzeit sitzen. In der Mitte brennt ein tröstliches Feuer, das die Halle erwärmt und erhellt. Draußen aber ist es Nacht und Sturm. Nach ein paar Augenblicken der Geborgenheit verschwindet der Sperling wieder in der winterlichen Welt, aus der er kam. Ebenso erscheint für eine kleine Weile der Mensch auf dieser Erde. Aber woher sein Leben kam oder was darauf folgt, davon wissen wir nichts. Deshalb, so schloss der weise Rat, wenn diese neue Lehre uns darüber Gewissheit gibt, wenn sie uns obendrein Hoffnung gibt, dann scheint es mir richtig, dass wir ihr folgen."[1]
Dem schloss sich EDWIN, der König von Northumbrien, an – und so wurde das Christentum auch in dieses Königreich getragen.
Ohne Hoffnung können wir nicht leben. Ohne Hoffnung gehen wir ein. Der Schweizer Theologe EMIL BRUNNER hat das einmal so ausgedrückt:
„Was der Sauerstoff für die Lunge, das bedeutet die Hoffnung für die menschliche Existenz. Nimm den Sauerstoff weg, so tritt der Tod durch Ersticken ein. Nimm die Hoffnung weg, so kommt die Atemnot über den Menschen, die Verzweiflung heißt, die Lähmung der seelisch-geistigen Spannkraft durch ein Gefühl der Nichtigkeit, der Sinnlosigkeit des Lebens. Der Vorrat an Sauerstoff entscheidet über das Schicksal der Organismen, der Vorrat an Hoffnung über das Schicksal der Menschheit."[2]
Aber genau das war die Not der Menschen, zu denen der dritte JESAJA sprach, dieser Mann aus der Schule JESAJAS, dem wir die Kapitel 56 bis 66 des Jesajabuches größtenteils verdanken. Bei denen, an die sich JESAJA III wandte, war

[1] Zitiert nach LIESE HOEFER: Zu jeder Stunde. Begleitung durch Nacht und Tag, Stuttgart [2]1984, 215.
[2] EMIL BRUNNER: Das Ewige als Zukunft und Gegenwart, Zürich 1953, 7.

Hoffnung Fehlanzeige. Und an ihnen konnte man studieren, wie es ist, wenn Menschen an ihrer Hoffnungslosigkeit ersticken.
Wir schreiben ungefähr das Jahr 520 vor CHRISTUS. Die Wende war schon etliche Jahre vorüber. Die politischen Verhältnisse hatten sich damals urplötzlich gewandelt. Der Perserkönig KYROS hatte die Macht an sich gerissen. Und das sollte auch für die kleinen Provinzen des ehemals babylonischen Weltreichs Freiheit und Frieden bedeuten. Die vor langer Zeit deportiert worden waren ins babylonische Exil, sie durften heim. Und daheim sollte nach Jahrzehnten des Verfalls der Wiederaufbau beginnen. Aus Ruinen sollten wieder Mauern werden, Häuser, Gärten, ja ein Tempel durfte wieder entstehen. Die Menschen träumten einen kurzen und heftigen Traum von der Erneuerung aller Verhältnisse. Ihre Führer versprachen ihnen blühende Landschaften.
Aber statt der blühenden Landschaften kam die Ernüchterung. Es ging nicht voran. Der Wiederaufbau geriet schon bald ins Stocken. Statt der großartigen Visionen kam eine recht mittelmäßige Realität zum Vorschein. Bald resignierten die Ersten: „Es wird ja doch nichts mehr mit uns! Wir haben zu viel erhofft, jetzt werden wir für unsere dummen Träume bestraft."
Da tritt er auf, der Prophet JESAJA III, und kündet ihnen, allem Augenschein zum Trotz, an, dass Gott noch lange nicht am Ende seiner Möglichkeiten ist. Noch lange ist nicht Schluss, im Gegenteil: Schaut, so sagt es Gott seinem deprimierten Volk! Schaut hin, ich schaffe das Neue! Und dieses Neue überbietet alles, was ihr euch je habt träumen lassen:

17 Denn siehe, ich will einen neuen Himmel und eine neue Erde schaffen, dass man der vorigen nicht mehr gedenken und sie nicht mehr zu Herzen nehmen wird. 18 Freuet euch und seid fröhlich immerdar über das, was ich schaffe. Denn siehe, ich will Jerusalem zur Wonne machen und sein Volk zur Freude, 19 und ich will fröhlich sein über Jerusalem und mich freuen über mein Volk. Man soll in ihm nicht mehr hören die Stimme des Weinens noch die Stimme des Klagens. 20 Es sollen keine Kinder mehr da sein, die nur einige Tage leben, oder Alte, die ihre Jahre nicht erfüllen, sondern als Knabe gilt, wer hundert Jahre alt stirbt, und wer die hundert Jahre nicht erreicht, gilt als verflucht. 21 Sie werden Häuser bauen und bewohnen, sie werden Weinberge pflanzen und ihre Früchte essen. 22 Sie sollen nicht bauen, was ein anderer bewohne, und nicht pflanzen, was ein anderer esse. Denn die Tage meines Volks werden sein wie die Tage eines Baumes, und ihrer Hände Werk werden meine Auserwählten genießen. 23 Sie sollen nicht umsonst arbeiten und keine Kinder für einen frühen Tod zeugen; denn sie sind das Geschlecht der Geseg-

neten des HERRN, und ihre Nachkommen sind bei ihnen. 24 Und es soll geschehen: ehe sie rufen, will ich antworten; wenn sie noch reden, will ich hören. 25 Wolf und Schaf sollen beieinander weiden; der Löwe wird Stroh fressen wie das Rind, aber die Schlange muss Erde fressen. Sie werden weder Bosheit noch Schaden tun auf meinem ganzen heiligen Berge, spricht der HERR.

Er war ein Schüler des zweiten JESAJA; dieser war eine Generation früher aufgetreten und hatte die herrliche Rückkehr aus Babylon angekündigt. Der dritte JESAJA, er war vor allem ein Mann, der die Schrift liebte und auslegte. Die alten Worte seines Lehrers las er und las sie immer wieder, bis sie zu leuchten begannen, und dann legte er sie seinem Volk aufs Neue aus. Dieser dritte JESAJA war außerdem ein Seelsorger, einer, der die Müden trösten, ermutigen und aufrichten wollte. Einer, der seinen Hörern wieder Hoffnung machte, Hoffnung, die sie so dringend brauchten wie den Sauerstoff zum Atmen.
Aber was ist das für eine Hoffnung?
Sie schaut ganz auf den schöpferischen Gott und nicht auf den Menschen.
Sie ist ganz utopisch und doch ganz irdisch.
Sie ist ganz zukünftig und macht doch Mut für heute.
Also, gehen wir der Reihe nach vor:

1. Die Hoffnung, von der Jesaja spricht, schaut auf den schöpferischen Gott und nicht auf den Menschen!

Siehe, *ich will* einen neuen Himmel und eine neue Erde schaffen, so heißt es da gleich am Anfang in Vers 17. Und noch einmal in Vers 18: Siehe, *ich will* Jerusalem zur Wonne machen und sein Volk zur Freude. Wenn wir hier am Anfang nicht zuhören, dann verpassen wir den Clou dieser Rede, dann geht der Trost JESAJAS an uns vorbei. Dann gehen wir nicht mit neuer Hoffnung und gestärkt aus dieser Bibelarbeit, sondern noch gebückter und trostloser als zuvor. JESAJA hält keine aufrüttelnde Rede; er fordert nicht, es müsse jetzt, Jahre nach der Wende, ein Ruck durch das Volk gehen. Imperative, also Worte des Befehlens und Gebietens, finden wir nur wenige in dieser Ansprache JESAJAS. Nur zwei, um es genau zu sagen: Seht hin! Freut euch! Seht hin und freut euch, damit ist das Inventar der Imperative in Jesaja 65 erschöpft. Alles, was dann kommt, ist Beschreibung. Da wird nicht geboten, sondern beschrieben, wie das ist, wenn Gott ans Werk geht und etwas Neues schafft. Seht hin und freut euch, so sagt es Gott durch seinen Boten dem erschöpften Volk.

Was schafft denn Gott? Ein ganz weiter Horizont wird aufgespannt: Gott betreibt nicht Altbausanierung. Er setzt nicht eine neue Fassade vor die alte Ruine. Er behilft sich nicht mit Schönheitsreparaturen. Er macht alles ganz neu. Ein neuer Himmel und eine neue Erde.

Die aber sind ganz und gar sein Werk. Es ist wie am Anfang der Dinge, in der Schöpfung: Damals war es Gottes Tat, aus Chaos einen Kosmos zu schaffen, eine Welt aus dem Nichts, geschaffen durch das mächtige und kreative Reden Gottes: „Denn wenn er spricht, so geschieht's; wenn er gebietet, so steht's da."[3]

Das hebräische Wort, das sowohl am Anfang der Bibel, in 1. Mose 1, als auch hier, in der Trostrede JESAJAS, gebraucht wird, jenes *bara* = „schaffen", das ist ein einzigartiges Wort: Nur von dem Einen wird es gebraucht, von dem, der aus dem Nichts eine ganze Welt zu schaffen vermochte – niemals aber vom Menschen.

Wir Christen können noch etwas hinzufügen: Es ist der Gott, der Himmel und Erde durch sein Wort ins Leben rief, und es ist derselbe Gott, der den gekreuzigten JESUS durch sein Wort aus dem Grab rief und an ihm seine Macht über alle Mächte des Verderbens und des Todes erwiesen hat.

Von ihm erhofft JESAJA die Erneuerung aller Verhältnisse, den großen Umsturz, der aus der alten eine ganz neue Welt macht.

Hoffnung schaut auf Gott. Das ist seine Botschaft. Wir machen die gute Zukunft nicht selbst. Wir müssen aber auch nicht die Hoffnung auf gute Zukunft fahren lassen. Zukunft ist das, was auf uns zu kommt. Zukunft ist nicht, was wir selbst machen können. Der große Traum des Menschen, die Zukunft in die Hand zu nehmen, sie zu meistern, sich ihrer zu ermächtigen, wird immer wieder aufs Neue enttäuscht. Die Täuschung, der wir erliegen, wird uns genommen.

Die Täuschung kann von uns genommen werden auf höchst verschiedene Weise:

• Sei es, dass Unverfügbares in unser Leben einbricht, das wir trotz sorgfältigster Planung und bester Vorsicht – die ja voraussieht, um sich vorzusehen – nicht in den Griff bekommen. Ein Autofahrer, der sich müht, vorsichtig zu fahren und sich und andere nicht zu gefährden, und dem dann ein Betrunkener in die Seite fährt, mag uns als Beispiel genügen.

• Sei es, dass Bosheit unsere besten Vorhaben durchkreuzt. Sie hatten das Beste vor, die Weisen aus dem Morgenland. Sie wollten den neugeborenen König der Juden anbeten. Und doch führten sie genau so den mörderischen

[3] Psalm 33, 9.

Herodes nach Bethlehem. Zwar entkam – noch einmal! – das Kind in der Krippe, aber den männlichen Neugeborenen ging es ans Leben. JOHANN GEORG HAMANN schloss daraus: Wir brauchen Vergebung nicht nur für unsere Untaten, sondern auch für unsere vermeintlichen Guttaten. Immer wenn Menschen sich vornahmen, die Verhältnisse grundstürzend zu erneuern, führten sie am Ende die Menschen eher an den Rand einer Hölle als in einen Himmel auf Erden.

Mit JESAJA wird uns deutlich: Das, was Menschen schaffen, ist nie vollkommen und muss es auch nicht sein. Die Erde muss nicht zum Paradies umgelogen werden.

Gute Zukunft, auf die wir mit Recht hoffen, muss sich auf etwas anderes gründen: Schau hin, sagt JESAJA, der wahrhaftige Gott, der Gott des Amen (Jes. 65,16) – er schafft einen neuen Himmel und eine neue Erde. Hoffnung schaut auf Gott. Von ihm erhofft JESAJA die Erneuerung aller Verhältnisse, den großen Umsturz, der aus der alten eine ganz neue Welt macht.

Das aber wird zugleich ein Akt tiefer Seelsorge sein. Man wird des Alten nicht mehr gedenken und man wird sich nicht mehr zu Herzen nehmen, was früher war. So beschreibt JESAJA die unmittelbaren Folgen der Neuschöpfung Gottes. Ist damit die Erinnerung ausgelöscht, ist die Geschichte damit am Ende? Geschichte gibt es nur in der Erinnerung. Und sind wir nicht mit Recht skeptisch, wenn die Erinnerung nicht mehr gepflegt werden soll, ja wenn Verdrängung die Erinnerung ersetzen soll? Sind wir nicht überaus kritisch gegenüber allen, die Schlussstriche ziehen wollen, so als sei es nun genug der schmerzhaften Wahrheiten über unsere Geschichte? Müssen wir nicht die Opfer dessen, was einmal war, schon dadurch ehren, dass wir uns erinnern? Und ist Erinnerung an das Alte nicht die Bedingung dafür, dass wir vielleicht doch noch aus Erfahrung klug werden und nicht etwa rückfällig?

Doch JESAJA meint wohl etwas anderes: Es geht ihm darum, dass die lähmende Kraft der Erinnerung zum Ende kommt. Es ist ein Akt tiefer innerer Heilung, der hier geschieht: Das, was war, soll nicht mehr jeden Mut zerstören, jede Freude auslöschen. Von Gott heißt es, er wolle nicht mehr unserer Sünden gedenken (Jes 43,25). Das meint nicht eine plötzliche Gedächtnisschwäche Gottes. Es meint aber, dass das, was war, nicht mehr störend und trennend zwischen ihn und uns treten soll. Und wie er des Alten nicht mehr so gedenkt, dass es immerzu Schmerz und Trauer, Skepsis und Misstrauen wachruft, so sollen auch wir in unserem Inneren heil werden, erlöst und neu. Gott will uns trösten, wie einen seine Mutter tröstet (Jes 66,13). Weinen und Klagen, die dunkle Macht dessen, was war, hören auf.

Und dann soll Freude an die Stelle quälender Erinnerung treten. Es ist eine Freudengemeinschaft: Das Volk Gottes freut sich an dem Neuen, und Gott freut sich gleich mit. „Ich will fröhlich sein über Jerusalem." Gottes Wesen ist Freude über das, was er schuf. Freude, die sagen kann: „Es ist alles sehr gut." Freude über „mein Volk". Freude über den einen, der umkehrt. Freude an dir und über dich. Ein fröhlicher Gott ist es, der das Neue schafft.

2. Die Hoffnung, von der Jesaja spricht, ist ganz utopisch und doch ganz irdisch!

Der neue Himmel und die neue Erde haben offenbar ein Herzstück, einen Mittelpunkt, an dem alles, was diese neue Welt ausmacht, besonders klar zu erkennen ist: Es ist Jerusalem, von dem der Prophet hier spricht:
„Siehe, ich will Jerusalem zur Wonne machen und sein Volk zur Freude."
Aber wie wird das neue Jerusalem aussehen? Es soll, so JESAJA, nicht abstrakt sein, sondern ganz konkret. Und da erleben wir eine Überraschung: Was JESAJA da beschreibt, ist ganz irdisch: Da wird Leben geboren und da wird auch gestorben. Von ewiger Lebenszeit ist da nicht die Rede. Weiter: Da wird gearbeitet, da werden Häuser gebaut und Weinberge gepflanzt und gepflegt. Vom Schlaraffenland ist nicht die Rede. So irdisch ist das, was JESAJA schaut, aber zugleich so utopisch, denn es sind doch ganz unirdische Eigenschaften, die das neue Jerusalem auszeichnen. JESAJA übergibt seinen Hörern so etwas wie einen Prospekt: So sieht es aus im neuen Jerusalem. Guckt schon mal rein. So wird es sein.
Schauen wir hinein in diesen Prospekt:

Als Erstes: „Sie sollen keine Kinder für einen frühen Tod zeugen!"
Geboren werden, leben und sterben. Darum geht es in Vers 20 und Vers 23. Gottes neue Welt kennt keine sterbenden Säuglinge mehr. Und Gottes neue Welt kennt keinen vorzeitigen Tod mehr. Kinder, die nur einige Tage leben. Erwachsene, die mitten aus dem Leben gerissen werden durch Krankheit, Krieg oder Unfall, Menschen, die die Ihren verwaist zurücklassen, wo sie sie doch noch so nötig brauchen. Das alles soll es nicht mehr geben.
Ich habe es als Seelsorger in einer Kinderklinik wieder und wieder erlebt, besonders auf der Frühgeborenen-Intensivstation.
Ich denke an den kleinen Moritz, der irgendwann an einem Januartag geboren wurde. Moritz war um einiges zu früh zur Welt gekommen. Aber seine Eltern hatten sich dieses Kind so sehr gewünscht. Schon bald war klar, dass er es

nicht schaffen würde. Seine Mutter wurde auf einer Trage auf Station gebracht. Sie lag mit großen Augen neben dem Inkubator, in dem Moritz mit dem Tod rang. Und sie schüttelte immer wieder nur den Kopf: Wie kann das sein, dass uns ein Kind geschenkt wird und wir es sofort wieder verlieren, ohne ihm die Liebe schenken zu können, die wir ihm schenken wollten, ohne dass es spielen und lernen konnte, ohne dass es je singen und lachen und frech sein konnte. Moritz lebte nur drei Tage, er starb in den Armen seiner Mutter.

Es ist wie eine Amputation, sagte eine Mutter einmal, wenn einem das Kind genommen wird, das man gerade geboren hat. Es ist ein Schmerz, den keiner versteht, der es nicht selbst durchmachen musste. Es ist nichts, an das man sich irgendwie gewöhnen könnte mit den Jahren in einer Klinik: Es ist etwas zutiefst Verstörendes, eine große Unordnung, wenn ein Leben endet, bevor es gelebt werden durfte.

Darum berührt mich diese Verheißung Gottes. Sie zeigt mir, dass Gott nicht kalt lächelnd dem Sterben der Kinder zuschaut, sondern dass eines ganz oben auf seiner Liste steht: Das hört auf, wenn die neue Welt kommt.

Gott gewährt Zeit zum Leben. Das ist das erste Neue: Jedem seine Zeit. Zeit, nicht Ewigkeit. 100 Jahre ist das Maß der Dinge (vgl. auch Sach 8,4-6). Und dann soll es von jedem heißen, was von Abraham zu sagen war: „Er starb alt und lebenssatt" (1. Mose 25,8). Es darf dann auch genug sein. Es muss nicht immer weitergehen, sondern darf genug sein. Und genug ist es, wenn mein Leben nicht abgebrochen, sondern vollendet wird, wenn es zum Ziel kommt und sich erschöpft hat.

Schauen wir weiter hin:

Als Zweites: „Sie werden Häuser bauen und bewohnen." Vielleicht wird diese Weissagung im „Land der Häuslebauer" noch besser verstanden als anderswo. Es ist etwas Besonderes, ein Haus in der Zeit zu besitzen. Davon wissen die Menschen in der Bibel viel. Das Haus, zumal das, was ich selber mit meiner Hände Arbeit baue, ist nicht einfach nur Besitz, der reich macht. Es ist der Ort, an den ich heimkehren und an dem ich zur Ruhe kommen darf. Es ist der Ort, der mir Schutz gibt gegen Kälte und Hitze, gegen Unwetter und Sturm. Es ist der Ort, den ich gestalte als Lebensraum für mich und die Meinen. Es ist der Ort, der sich mehr und mehr verknüpft mit den Geschichten und Geschichtchen meines Lebens. Ein Haus zu bauen, gehört zu den Dingen, die im Leben eines Menschen wirklich zählen. Und es fertig zu stellen, ja nicht nur fertig zu stellen, sondern auch beziehen zu können, ja nicht nur beziehen zu können, sondern auch darin verweilen zu können, das ist – so JESAJA – eine besondere

Gnade. So soll es sein im neuen Jerusalem. Sie sollen nicht mehr Häuser bauen und dann vom Feind vertrieben werden. Sie sollen nicht mehr herausgerissen werden aus dem Stückchen Boden, auf dem sie Heimat gefunden haben.
Mir ging es zuerst so: Na ja, dachte ich, das ist doch nichts Besonderes. Ich habe mein Haus gebaut in Weitenhagen, und wir sind eingezogen und jetzt leben wir darin. Was ist daran so besonders? Wieso ist das ein Kennzeichen des neuen Himmels und der neuen Erde? – So kann aber wohl nur reden, wer zu der hauchdünnen Schicht derer gehört, für die das alles selbstverständlich ist. Für den Heimkehrer aus dem babylonischen Exil, dessen Väter alles verloren haben und der auch wieder eine provisorische Heimstatt verlassen musste, ist das alles ebenso wenig normal und selbstverständlich wie heute für den Kosovaren, der aus seinem Haus vertrieben wurde, an Leib und Leben bedroht, in der Ehre gedemütigt, vielleicht auch geschändet und gefoltert davongejagt. Der – wenn man ihn und die Seinen am Leben ließ – nun als ungeliebter Gast jenseits der Grenze in einem Zelt sitzt und nicht weiß, was noch übrig ist von dem, was er sich einmal aufgebaut hatte, was noch steht von dem, was einmal Heimat war; armselige, aber vertraute Heimat.
Christoph Maria Fröhder berichtete am 10.6.1999 in der ARD von einer Familie im Flüchtlingslager, die vertrieben worden war. Soldaten hatten ihr Haus gestürmt. Auf dem Herd stand ein Topf mit Suppe. „Ihr Hungerleider", so rief ein Soldat. „Ihr habt ja gar kein Fleisch im Topf!" Und dann entriss er einer Mutter einen Säugling, erschlug ihn vor ihren Augen, riss ihm Arme und Beine ab und warf den geschändeten Leichnam in den Suppentopf. Danach vertrieben er und seine Kumpane die ganze Familie unter Schlägen aus dem Haus.
Gott gewährt Raum zum Leben. Das ist das Zweite, was er verspricht. Jedem sein Haus in der Zeit.
Und schauen wir weiter hin:

Als Drittes: „Sie werden Weinberge pflanzen und ihre Früchte essen." Das geht in dieselbe Richtung: Arbeit gehört also zur neuen Welt Gottes. Man wird nicht müßig in der Gegend herumsitzen und sich überflüssig und nutzlos vorkommen. Arbeit gehört offenbar zu dem, was der Mensch braucht. Aber es ist Arbeit, die auch zu etwas führt. Da wird nicht länger stumpfsinnige, entfremdete Arbeit geleistet. Da bebauen sie ihren eigenen Weinberg und genießen, was sie erarbeitet haben.
Jesaja hat dafür an anderer Stelle Worte gefunden, die an Verbindlichkeit nicht mehr zu überbieten sind:

„Der Herr hat geschworen bei seiner Rechten und bei seinem starken Arm: Ich will dein Getreide nicht mehr deinen Feinden zu essen geben noch deinen Wein, mit dem du so viel Arbeit hattest, die Fremden trinken lassen, sondern die es einsammeln, sollen's auch essen und den Herrn rühmen, und die ihn einbringen, sollen ihn trinken in den Vorhöfen meines Heiligtums" (Jes 62,8f). Gott gewährt Arbeit und gönnt den Seinen den Genuss der Früchte dieser Arbeit. Das Vergebliche hört auf. Arbeit frustriert nicht länger, sie ist *non frustra*, nicht vergeblich. Das ist das Dritte: die Zeit und der Raum, die Arbeit und die Früchte. Alles in allem: kein Luxus, für die, denen alles selbstverständlich und normal erscheint, vielleicht sogar enttäuschend. Für die aber, die des Nötigsten entbehren, geradezu utopisch: ein normales irdisches Leben mit Geborenwerden, Leben dürfen und Sterben, mit einem Haus in der Zeit, das nicht bedroht ist, mit Frieden also, und mit dem Ertrag der eigenen Hände Arbeit. Das ist Gnade. So soll es sein in der neuen Welt Gottes.

Aber noch etwas gehört dazu: Der Himmel ist ja auch neu geworden. Auch da hat sich etwas getan.

Als Viertes: „Ehe sie rufen, will ich antworten, wenn sie noch reden, will ich hören."

Da ist etwas, das dieses Leben im neuen Jerusalem zusammenhält: Sie, die da leben, heißen die „Gesegneten des Herrn". Sie sind „sein Volk", an dem er sich freut. Sie sind seine „Auserwählten". Der Himmel über ihnen ist neu geworden, er ist offen. Zuvor müssen sie noch schreien und betteln: „Ach, dass du den Himmel zerrissest und führest herab..." (Jes 63,19). Verschlossen und verrammelt scheint der Himmel, unzugänglich und sehr weit weg ist Gott. Das ist jetzt ganz anders, wenn Gott den neuen Himmel schafft. Als wollte er ihnen alle Wünsche von den Lippen ablesen: „Ehe sie rufen, will ich antworten." Der Himmel ist offen über dem Volk Gottes. So erhört Gott das Gebet der Menschen in Jerusalem. Sie haben nicht nur Zugang zu Gott. Gott erscheint geradezu begierig nach ihrem Gebet zu sein. Er scheint Ehrgeiz zu entwickeln, noch schneller zu hören und zu helfen. Es ist wie im Paradies: Noch ehe sich Adam beschweren kann über seine Einsamkeit, schafft Gott ihm das Gegenüber, das zu ihm passt.

Und es ist auch sonst wie im Paradies. Die Geschöpfe leben im Frieden miteinander. Löwen werden Vegetarier, ehemals verfeindete Tiere wie Wolf und Schaf grasen einträchtig auf einer Weide. Spätestens hier wird klar: Das ist kein Menschenwerk, das ist Gottes neue Welt. An keiner Stelle ein Befehl. Es wäre auch recht sinnlos, eine Ernährungsberatung für Löwen anzubieten. Hier ist etwas ganz Neues im Schwange.

Im Herzen der Dinge steht diese neue und intakte Beziehung zu Gott. Die Schlange darf nicht noch einmal die Menschen verführen. Sie frisst weiterhin Staub, aber die Bosheit des Menschen ist ausgeräumt. Und weil die Bosheit nicht mehr das Dichten und Trachten des Menschen bestimmt, richtet er auch endlich keinen Schaden mehr an. Der Geburtsschaden der ersten Schöpfung wiederholt sich nicht wieder. So wie Gott das Gebet des Menschen erhört, so ist der Mensch eben wieder ein Mensch Gottes, dessen Dichten und Trachten im Einklang mit Gottes Willen steht.

Gott gewährt also nicht nur Zeit und Raum und Arbeit; er gewährt eine neue, heile Beziehung zwischen Geschöpf und Schöpfer, zwischen seinem Volk und ihm.

Das ist alles sehr irdisch. Die Hoffnung der Bibel ist aber so irdisch. Die neue Welt der Bibel ist keine Welt voll überirdischer Sphärenklänge, kein unwirkliches Paradies, in dem leiblose Seelen herumflattern. Die neue Welt der Bibel ist auch nicht so langweilig wie der Himmel, in den LUDWIG THOMA seinen Münchener schickt, der, fortan auf einer Wolke sitzend, nur mehr jubilieren darf. Die neue Welt der Bibel ist, so wie es JESAJA predigt, eine wirkliche Welt. Vielleicht würden wir uns manches noch wünschen neben dem, was JESAJA aufzählt: intakte Beziehungen, die nicht in Krisen zerbrechen, eine Umwelt, in der auch unsere Kinder und Kindeskinder noch atmen können, nicht nur alt zu werden, sondern auch vor Krankheiten bewahrt zu bleiben, die allmählich die Persönlichkeit zerfressen.

Im Neuen Testament wird darum diese Weissagung JESAJAS übernommen. Wir warten, so heißt es im 2. Petrusbrief 3,17, auf einen neuen Himmel und eine neue Erde, in denen Gerechtigkeit regiert. Und ganz am Ende der Bibel, in der Offenbarung, Kapitel 21, da wird die Hoffnung JESAJAS wieder aufgenommen. „Und ich sah einen neuen Himmel und eine neue Erde; denn der erste Himmel und die erste Erde sind vergangen, und das Meer ist nicht mehr." Vieles erinnert in Offenbarung 21 an JESAJA: auch hier ist es das neue Jerusalem, auf das der Seher wartet. Von Gott kommt es – aus dem Himmel herab kommt es. Auch hier ist im Herzen der Dinge die neue Beziehung zwischen Gott und seinem Volk: „Siehe da, die Hütte Gottes bei den Menschen. Und er wird bei ihnen wohnen, und sie werden sein Volk sein, und er selbst, Gott mit ihnen, wird ihr Gott sein." Auch hier erweist sich Gott zuerst als der Tröster und Seelsorger, der mit einem großen Taschentuch durch die Reihen geht: „Und Gott wird abwischen alle Tränen von ihren Augen." Eines ist aber ganz

anders und ganz neu: „... und der Tod wird nicht mehr sein, noch Leid noch Geschrei noch Schmerz wird mehr sein."
Das ist das Neue, und es hat zu tun mit dem, der da sagt: „Siehe, ich mache alles neu." Es ist der, der mit seinem Tod die Last der Schuld auf sich genommen hat. Es ist der, der durch seinen Sieg am Ostermorgen den Tod bezwungen hat.
Hier ist nun eines mit großem Ernst festzuhalten: Uns verbindet diese Hoffnung, die wir in Jesaja 65 kennen lernen, und die in Offenbarung 21 bekräftigt wird, mit Israel. Es ist ja nur zu gut zu spüren, wie dem Seher der Offenbarung die Bilder JESAJAS vor Augen standen. Aber bekräftigt und erweitert ist die alte Weissagung durch JESUS CHRISTUS. In ihm ist auch diese Verheißung JESAJAS mit göttlichem Siegel versehen und erneuert worden. Der Gott Israels hat sich ein für alle Mal am Ende der Zeiten in JESUS CHRISTUS offenbar gemacht. Und für jeden Menschen ist der Zugang zu Gottes neuer Welt eröffnet durch das Opfer JESU CHRISTI und den österlichen Sieg: Auch Gottes geliebtes Volk Israel soll und wird nicht anders als durch JESUS CHRISTUS gerettet werden. Wenn darum aus der Leitung dieses Kirchentags zu hören war, das Volk habe es nicht nötig, dass ihm JESUS als der Herr und Heiland bezeugt werde, dann ist das, bei allem Respekt vor den ehrwürdigen Damen und Herren der Kirchentagsleitung, nichts als Irrlehre.

3. Die Hoffnung, von der Jesaja spricht, ist ganz zukünftig und macht doch Mut für heute!

Wir mögen nun versucht sein zu sagen: Was sollen *wir* mit dieser Hoffnung anfangen? Uns geht es gut, wir haben das meiste von dem, was JESAJA erhoffte. Die Hoffnung hat es ja am schwersten von den dreien, die das Christsein ausmachen: Glaube, Liebe und Hoffnung; die Hoffnung ist die ungeliebteste unter ihnen.
Ich will es gerne zugeben: Auch mir erschien zunächst die Aussicht auf einen neuen Himmel und eine neue Erde wenig attraktiv, zumal das Alte nicht mehr erinnert werden sollte. Ich dachte gezielt an das Gute, das ich hier so sehr schätze: einen Kuss meiner Liebsten, das Lachen meiner Kinder, einen guten Rotwein, die Musik von Whitney Houston, den Sieg von Werder Bremen über Bayern München, den Flieder im Garten, einen spannenden Krimi, Wandern in Schweden.
Und doch hat mich das JESAJA-Wort mehr und mehr fasziniert: JESAJA erzählt, wie die schönsten und besten Gaben der Völker mit in das neue Jerusalem hin-

eingebracht werden. Das ist etwas, das so auch in der Offenbarung des JOHANNES steht: Was immer gut und schön und wahrhaftig ist, das wird wie eine reiche Ernte in die neue Welt mitgenommen. Also besteht doch noch Hoffnung, dass sich manches dort wieder findet, aber eben das andere nicht: Vertreibung und Gewalt, Erniedrigung und Schändung wird es nicht mehr geben. Sterbende Säuglinge und vorzeitig abgebrochene Lebensgeschichten wird es nicht mehr geben. Ja, Krankheit, Leid und Tod, Tränen und Trauer wird es nicht mehr geben. Der Streit um Macht und der Geiz und der Neid werden nicht mehr sein. Gleichgültigkeit und Lieblosigkeit Gott und dem Nächsten gegenüber wird es nicht mehr geben.
Aber wann wird das sein? Zeit und Stunde konnte nicht einmal der Herr JESUS CHRISTUS selbst seinen Jüngern verraten, aber er konnte sie vergewissern, dass es geschehen wird.
Was aber soll uns bis dahin die Verheißung JESAJAS?
Ich möchte es gerne zum Schluss in vier Sätzen bündeln anhand der Kirchentags-Frage: Wie kann die Gemeinde JESU „Salz der Erde" sein?
Erstens: Die Gemeinde JESU ist Salz der Erde als die Gemeinde, die Hoffnung hat und von ihrer Hoffnung erzählt.
Nehmen wir JESAJA ernst, dann sehen wir, dass wir Grund zur Hoffnung haben für uns und für unsere Welt. Die Bilder aus dem Kosovo sind nicht das Letzte. Aber nicht deshalb, weil es bald wieder andere geben wird aus anderen Teilen der Welt, aus Indonesien oder Guatemala oder Ruanda. Sondern weil Gott seine neue Welt schaffen wird, in der Gerechtigkeit herrscht. Wir leben nicht auf ein ungewisses Futur zu, und keiner weiß, was kommen mag. Es geht nicht um eine „vision impossible". Wir leben auf den Advent Gottes zu, und wir wissen, CHRISTUS wird kommen und die neue Welt Gottes mit ihm.
Es berührt tief, wie sehr dabei Gott die vor Augen hat, die jetzt auf der Schattenseite des Lebens wohnen. Er stellt sich selbst sogar so vor, dass er von sich sagt: „Ich wohne in der Höhe und im Heiligtum und bei denen, die zerschlagenen und demütigen Geistes sind, auf dass ich erquicke den Geist der Gedemütigten und das Herz der Zerschlagenen" (Jes 57,15b).

Zweitens: Die Gemeinde JESU ist Salz der Erde, indem sie zur Umkehr zu dem Gott Israels, dem Vater JESU CHRISTI ruft.
Eine Frage muss uns JESAJA noch beantworten: Wer hat denn Bürgerrecht in diesem neuen Jerusalem? Wer gehört dazu? Gehört jeder dazu? JESAJA sieht sich selbst als den, der gesandt ist, den Elenden gute Botschaft, auf Kirchendeutsch „Evangelium" zu bringen. Ein gnädiges Jahr des Herrn soll er verkün-

digen (61,1f). Das entspricht so ganz dem Wesen Gottes, der seine Hände den ganzen Tag nach einem ungehorsamen Volk ausstreckt. JESAJA erzählt, wie der lebendige Gott sich müht: „Ich ließ mich suchen von denen, die nicht nach mir fragten, ich ließ mich finden von denen, die mich nicht suchten. Zu einem Volk, das meinen Namen nicht anrief, sagte ich: ‚Hier bin ich, hier bin ich'" (Jes 65,1f). Gott erscheint auch beim dritten JESAJA als der, der um seine Menschenkinder wirbt und auch den Fremden die Tür öffnet: Sein Haus soll ein „Bethaus heißen für alle Völker" (Jes 56,7), denn er will „noch mehr zu der Zahl derer, die versammelt sind, sammeln" (Jes 56,8). JESUS hat dies in noch viel größerer Klarheit formuliert: „Gehet hin in alle Welt und machet zu Jüngern alle Völker" (Mt 28,19a). Das ist der Auftrag, den die Gemeinde JESU hat: einzuladen, sich dem Ruf Gottes nicht zu verschließen, sondern von der Sünde zu lassen und sich der Herrschaft Gottes zu unterstellen. Da ist JESAJA ganz deutlich. Von der Sünde lassen, Sünde bekennen und Vergebung erfahren – das ist der Zugang zum Bürgerrecht im neuen Jerusalem (Jes 59,1f+20). Hier scheidet sich Israel von Israel, scheidet sich Mensch von Mensch an dieser einen Frage, ob wir die von Gott uns in JESUS entgegengestreckte Hand ergreifen oder nicht.

Drittens: Die Gemeinde JESU ist Salz der Erde, indem sie hoffnungsorientiert lebt und handelt.
Kein Imperativ steht in unserem Text außer: Sehet! Und: Freut euch! Und doch weiß auch JESAJA, wie Menschen leben, deren Hoffnung die neue Welt Gottes ist:
„Brich dem Hungrigen dein Brot, und die im Elend ohne Obdach sind, führe ins Haus! Wenn du einen nackt siehst, so kleide ihn, und entzieh dich nicht deinem Fleisch und Blut" (Jes 58,7).
Auch wenn unser Tun die neue Welt Gottes nicht bauen wird! Auch wenn unser Tun immer wieder voller Schwächen ist! Auch wenn es manchmal nur wie ein Tropfen auf den heißen Stein aussieht! Es ist doch so: Nicht das Alte hat auf Dauer Bestand, so stabil und unverrücklich es sich jetzt noch geben mag. Das Neue wird kommen. Und die Gemeinde JESU orientiert sich nicht an dem, was vergeht, sie orientiert sich an dem, was Gott tun wird. Sie lebt von ihrer Zukunft her.
Für den Gemeindeaufbau bedeutet das: an irgendeiner Stelle sich einzusetzen für die Schwächsten und Ärmsten, um ihnen zu dienen. Ich habe jetzt eine Kolonie von meist leprakranken Menschen vor Augen, die als Maskini in Mwanza/Tansania an einem Fluss leben. Zweihundert Menschen, Alte und

Junge, Kranke, aber gerade unter den Kindern noch Gesunde. Für ein paar Tausend Mark im Jahr, für weniger Geld, als wir für einen gebrauchten VW Golf ausgeben müssten, kann man das Leben dieser 200 Menschen nachhaltig verändern: Wir haben ausgerechnet, dass es nur etwa DM 8.000 im Jahr kosten würde, ihnen eine medizinische Versorgung, etwas seelsorgliches Geleit, einmal wöchentlich eine reichhaltigere Mahlzeit und vor allem orthopädisch angepasstes Schuhwerk zu geben. Ich denke, jede Gemeinde, die von der Hoffnung JESAJAS infiziert wurde, sollte ein solches Projekt unterstützen.

Diese Werke schaffen nicht den Himmel und verschaffen uns nicht den Zutritt zum Himmel, aber es könnte so sein wie in Offb 14,13: Sie folgen uns nach.

Und viertens und letztens: Die Gemeinde JESU ist Salz der Erde, indem sie Gott betend in den Ohren liegt.

Dafür hat uns der dritte JESAJA einige Bilder hinterlassen, die solches Gebet verdeutlichen. Wenn Gott Gnade gibt und uns die Vision vom neuen Himmel und von der neuen Erde ins Herz pflanzt, dann werden wir es halten, wie JESAJA es vormacht: „O Jerusalem, ich habe Wächter über deine Mauern bestellt, die den ganzen Tag und die ganze Nacht nicht mehr schweigen sollen. Die ihr den Herrn erinnern sollt, ohne euch Ruhe zu gönnen, lasst ihm keine Ruhe, bis er Jerusalem wieder aufrichte und es setze zum Lobpreis auf Erden" (Jes 62,6f).

Wie die Menschen zur Zeit des dritten JESAJA brauchen wir diese Ermutigung zur Hoffnung. JESAJA, aber auch HAGGAI und SACHARJA, haben dem Volk geholfen, wieder aufzuschauen auf das, was Gott tun wird, und wieder Mut zu bekommen. Blühende Landschaften gab es immer noch nicht zu sehen, aber Menschen, die wieder Hoffnung hatten und da anpackten, wo es nötig war.

Die Hoffnung, so sagte es EMIL BRUNNER, ist für den Menschen so wichtig wie der Sauerstoff zum Atmen. Sie hat ihren Grund nicht in uns und unserer Tapferkeit. Sie hat ihren Grund darin, dass Gott sagt: Seht! Freut euch! Ich will einen neuen Himmel und eine neue Erde schaffen. Amen.

2 So neu ist sein Erbarmen!

Stralsund-Grünhufe, 16. Sonntag nach Trinitatis (19. 9. 1999) – Klagelieder 3,21-33

21 Dies nehme ich zu Herzen, darum hoffe ich noch: 22 Die Güte des HERRN ist's, dass wir nicht gar aus sind, seine Barmherzigkeit hat noch kein Ende, 23 sondern sie ist alle Morgen neu, und deine Treue ist groß. 24 Der HERR ist mein Teil, spricht meine Seele; darum will ich auf ihn hoffen. 25 Denn der HERR ist freundlich dem, der auf ihn harrt, und dem Menschen, der nach ihm fragt. 26 Es ist ein köstlich Ding, geduldig sein und auf die Hilfe des HERRN hoffen. 31 Denn der HERR verstößt nicht ewig; 32 sondern er betrübt wohl und erbarmt sich wieder nach seiner großen Güte. 33 Denn nicht von Herzen plagt und betrübt er die Menschen.

Liebe Gemeinde!
Aus dem Buch der Klagelieder soll ich predigen. Klagelieder singt so mancher. Hansa Rostock singt Klagelieder: Wann gewinnen wir mal wieder auswärts und kassieren nicht mindestens drei Tore? Auch die SPD wird wohl weiter Klagelieder singen: Wann geht mal wieder eine Landtagswahl zu unseren Gunsten aus? Und auch die Kirche hat ihre Klagelieder: Wann endlich kommen die Menschen wieder zu uns, anstatt uns den Rücken zuzukehren?
Klagelieder gibt es zuhauf. Auch in der Bibel. Wir begegnen hier einem Mann, der zu klagen hat. Wir hören von einem, der viel Schweres auf dem Herzen hat. Wir hören aber auch von einem, der einen Blick in Gottes Herz tun darf. Und wir hören von einem, der sich das zu Herzen nimmt. Das ist unser Thema: Gott ist kein herzloser Kerl – darum trau und hoff auf seine Hilfe.
Aber alles hübsch der Reihe nach:

1. Von einem, der viel auf dem Herzen hat

Die Klagelieder führen uns zurück in eine besonders dunkle Zeit. Es war eine Zeit des Zusammenbruchs. Jerusalem war von Feinden erobert. Die wichtigsten Männer und Frauen, die Fachleute und Führungskräfte, hatten sich entweder aus dem Staub gemacht oder waren in Feindesland weggeführt worden. Die, die noch im Lande waren, litten, unter der Schmach und Schande, aber auch unter handfestem Hunger. Sie litten, weil sie nicht wussten, was aus ihren Verwandten geworden war. Sie litten, weil es wohl keine Familie gab, die nicht einen der ihren verloren hatte. Es war eine dunkle, eine schwere Zeit. Darum erklangen auch die Klagelieder in den Gottesdiensten der Gemeinde. So ist das, wenn Gottesdienste wirklich Gottesdienste sind: da kann das laut werden, was laut werden muss, in guten Tagen der Jubel und die Freude, in schlechten Tagen die Trauer und Klage. Die Bibel verschweigt das alles nicht: Da muss es nicht brav und fromm zugehen. Der Bibel ist nichts Menschliches fremd und sie deckt nicht zu, was rausgeweint werden muss.

Ihm, dem Sänger der Klagelieder, geht es also nicht gut. Ihm nicht und seinem Glauben auch nicht. Im Gottesdienst steht er auf und singt sein Klagelied. Er muss es hinausschreien, wie das ist mit seinem Leiden. Er singt von seiner Not und davon, wer dahinter steckt, wer verantwortlich ist. Gott, so ruft er, steckt dahinter. Ist er der Herr, dann geschieht auch nichts ohne sein Wissen, ja ohne sein Wollen, ohne sein Zulassen und Geschehenlassen. Und darum klagt er nicht die Feinde an, darum gilt sein Lied nicht dem Versagen der Militärs und Politiker. Er ruft es der Gemeinde zu: ER war es doch. ER hat uns in die Finsternis geführt. ER hat seine Hand gegen uns erhoben. ER hat uns eingemauert. ER hat uns belagert. ER hat unser Schreien nicht erhört. ER hat uns seine Pfeile in die Nieren geschossen. ER hat das alles getan. Und er greift zu ziemlich deutlichen Vergleichen, zum Beispiel: ER hat auf uns gelauert wie ein Bär. Das ist deutlich: Gott wie ein hungriger Grizzlybär, der einem Wanderer auflauert. – Wir waren in diesem Sommer im Yellowstone-Nationalpark, und da ist es passiert, dass drei Bären Wanderern auflauerten. Da lohnt kein Weglaufen. Da gibt es keine Gegenwehr. Einem der Wanderer nützte es auch nichts, sich tot zu stellen. Der Bär zerfleischte ihm ein Bein. So sind Bären, das ist o.k., aber unser Klagesänger sagt: ER ist so. So ist Gott in meinem Leben aufgetreten: wie ein Bär. Anders kann ich mir nicht erklären, was mir zugestoßen ist, dies Leid, diesen Schmerz über den Verlust der Heimat, über den Tod der Freunde, über den Hunger und die Aussichtslosigkeit. ER war es, wie ein Bär, der über sein Opfer herfällt.

An dieser Stelle könnte man erwarten, dass irgendwo ein Priester die Tempelwachen ruft, um dieser Rede ein Ende zu machen. So darf man doch nicht von Gott reden! Das ist weder fromm noch korrekt. Das geht doch nicht. Wo kämen wir denn hin! Aber kein Priester unterbricht den Sänger, keine Wache bringt ihn zum Schweigen.

So sehr gehört alles, was Menschen erleben, mit Gott zusammen. Dieser Klagesänger hat keinen abstrakten Gott, der mit all dem nichts zu tun hat, was er durchmacht. Das wäre ein Gott, den er zwar entschuldigen könnte, der dann aber auch ziemlich unwichtig und langweilig wäre. Für ihn aber ist Gott die Mitte seines Lebens, und alles, alles hat mit ihm zu tun. Nichts könnte er erleben und erleiden, was er nicht sofort in Beziehung setzen wollte, in Beziehung setzen müsste zu seinem Gott.

Ich kenne Ihre Gemeinde nicht. Ich weiß nicht, wo es jetzt bei Ihnen schmerzt und innerlich aufschreit. Aber das ist das Erste, was wir heute hören sollen: Vor Gott darf alles laut werden, was uns umtreibt. Vor Gott müssen wir uns nicht verstellen, mit wohlüberlegten, vornehmen und frommen Worten. Hat Gott mit allem etwas zu tun, dann ist er auch die Adresse für unsere Klage. Das Schwere soll laut werden. Und es ist doch oft schwer, nicht wahr? Ist es nicht so: Leicht ist es selten, das Leben nicht und das Glauben auch nicht!

Ich denke an den alten Mann in Moskau, der vor den Trümmern dieses Mietshauses steht und der sein Enkelkind zum Geburtstag besuchen wollte. Eine Bombe hat das Haus zerfetzt. Das Kind ist tot und liegt unter den Trümmern, der Opa steht draußen: hilflos, Gesicht und Gestalt ein einziger Schmerz, die Hände hilflos zum Himmel erhoben. Warum, Gott?

Ich denke an die Menschen in Osttimor, viele von ihnen Christen, die nach langer Zeit der Unterdrückung die Freiheit wählen durften. Und als sie sie wählten, wurde ihr kleines, unwichtiges, armes Land von den Militärs in Schutt und Asche gelegt, die einen vertrieben, darunter ihr Bischof, die anderen ermordet oder eingeschüchtert. Warum, Gott?

„Er hat seine Hand gegen uns erhoben, er hat seine Pfeile in unsere Nieren geschossen. Er hat uns aufgelauert wie ein Bär."

Es nutzt nichts, ihn mit klugen Worten zu entschuldigen, für unzuständig zu erklären. Es nutzt nichts, nur auf die menschlichen Täter hinzuweisen. Gewiss sind sie zur Verantwortung zu ziehen. Es nutzt nichts, die Dinge dem Teufel in die Schuhe zu schieben. Gewiss ist er ein Mörder und Lügner von Anfang an. Aber wenn Gott der Anfang und das Ende, der Schöpfer und Herr ist, dann geschieht nichts ohne sein Mittun, sein Dulden und Zulassen, sein Fördern und Gewähren. Wir müssen uns dem stellen. Wer nämlich Gott als harmlose Gestalt darstellt, der verstummt, wenn es ernst wird. Dem bleibt nicht einmal mehr die Klage, wenn sein Leben in die Krise gestürzt wird. Warum, Gott, warum nur?

So mancher wäre daran kaputt gegangen. So mancher wäre an diesem Lied erstickt. So manchem wäre der Glaube zerbrochen. Bei dem Klagesänger gibt es eine Wende, eine Wende, die überrascht, die ihn selbst am meisten überrascht hat:

2. Von einem, der einen Blick in Gottes Herz tut

Das ist die Wende: Indem er alles mit Gott in Verbindung bringt und auch mit dem Schweren zu Gott geht, öffnet sich ihm Gottes Herz. Er verkriecht sich nicht in ein bitteres Selbstgespräch. Er schreit seine Not nicht in einen leeren, dunklen Himmel hinaus. Er klagt seine Not dem Gott, dem sein Leben gehört. Er verlässt sich, er wandert aus sich aus und verlässt sich, er verlässt sich auf Gott. Und Gott lässt ihn einen Blick in sein Herz tun.

„Das, was du jetzt durchmachst, ist nicht mein letztes Wort. Das, was du jetzt erlebst, wird so nicht auf immer und ewig bleiben. Hinter meinem Nein steckt ein Ja. Bei mir ist mehr als Tod und Verderben, bei mir ist Leben und Freude. Meine Barmherzigkeit mit dir ist noch lange nicht erschöpft. Meine Barmherzigkeit hat kein Ende.“

Der Klagesänger schaut in Gottes Herz und entdeckt nicht, was er erwartet und befürchtet hat. Er entdeckt nicht Zorn und Hass: „Weil ihr so gottlos seid, habe ich euch verstoßen.“ Er entdeckt auch nicht kalte Gleichgültigkeit: „Was kümmert es den erhabenen Gott schon, wenn ein paar Hunderttausend Menschen leiden, was stört es ihn, wenn ein Menschenkind bitterlich weint?“ Er entdeckt auch nicht Abstumpfung und Gewöhnung: „So ist es nun einmal auf dieser Erde, da wird gelitten und gestorben. Das war so und wird immer so sein.“

Der Klagesänger schaut in Gottes Herz und er entdeckt Erbarmen. Und das muss ich jetzt ein bisschen entfalten. Das wissen wir ja nicht, und das glauben wir auch nicht, auch Jahrhunderte nach der Reformation nicht, auch nach Christenlehre, Konfirmandenunterricht und Hunderten von Gottesdiensten nicht: dass Gott von tiefstem Herzen barmherzig ist.

Samstags morgens wird auf NDR 4 immer ein Prominenter befragt, was er glaubt. Gestern war es ein berühmter Regisseur aus Hamburg. Ich gebe zu, so berühmt ist er auch nicht, aber ich habe mal gehört, dass er mit Otto Rehhagel befreundet ist, darum habe ich mir den Namen gemerkt. Also, dieser berühmte Regisseur sagt, dass er gerne sonntags zur Kirche geht. Und dann wird er gefragt, wie er sich sein Sterben vorstellt. Und er sagt: Na ja, da denkt man schon öfters drüber nach. Und was kommt denn danach? Wahrscheinlich gar nichts, sagt er. Aber wenn, dann käme für ihn wohl nur die Hölle in Frage, man verfehle sich ja doch so oft. Und Gnade, tja wenn es so etwas gäbe, das wäre schon toll.

Ich hörte das im Radio und dachte, hat ihm denn niemand von Gottes Barmherzigkeit erzählt? Da ich es ihm nicht erzählen kann, muss ich es hier erzählen: Wer einen Blick in Gottes Herz tun kann, entdeckt nicht Zorn und nicht Gleichgültigkeit und nicht Abstumpfung, er entdeckt Barmherzigkeit. Barmherzigkeit brennt. Wir hören von Josef und seinen Brüdern. Als er sie nach langer Zeit wiedersieht, da entbrennt sein Herz voller Erbarmen für seine schwachen, schuldigen und erbärmlichen Brüder. Er kann nicht anders, er muss sie in den Arm schließen und sich mit ihnen versöhnen und ihnen helfen. So ist Gott: Er kann nicht anders. Wenn er auf uns schaut, dann entbrennt sein Herz für uns schwache, schuldige und manchmal doch wahrhaft erbärmliche Menschen. Nicht, dass wir einen Anspruch darauf hätten. Ungeschuldet und unverdient ist es.

Nun ist das ganz spannend in der Bibel. Da wird von Gottes Barmherzigkeit auf zweierlei Weise geredet. Gottes Barmherzigkeit wird nämlich einmal verglichen mit der Haltung von Müttern, ein anderes Mal mit der von Vätern. Jesaja fragt einmal, ob sich das überhaupt denken lässt, dass eine Mutter ihr Kind vergisst, dass sich eine Mutter nicht ihres Kindes erbarmt. Nein, so soll die Antwort lauten. Wenn eine Frau den Titel Mutter verdient, dann wird sie alles für ihr Kind tun, es nähren und lehren, es schützen und umsorgen. Und wenn das Unglaubliche doch passiert, wenn eine Mutter sich so vergisst, dass sie ihr Kind im Stich lässt? Das mag wohl passieren in dieser seltsamen Welt, aber Gott passiert es nicht. Er vergisst uns niemals. Unsere Namen hat er sich in die Hand gegraben, hineintätowiert, so dass unsere Namen und unser ganzes Leben ihm stets vor Augen sind. Gottes Barmherzigkeit ist die einer guten Mutter, die stets für ihre Kinder sorgt.

Aber sie ist auch die von Vätern. Im 103. Psalm etwa heißt es: „Wie sich ein Vater über seine Kinder erbarmt, so erbarmt sich der Herr über uns.“ Dabei denkt man in Israel an etwas ganz Sachliches: ein Vater erbarmt sich über seine Kinder, indem er sie als seine Kinder anerkennt, seine Vaterschaft nicht verleugnet. Ein Vater erbarmt sich, indem er sich zu seinem Kind bekennt und es bei sich aufnimmt. Und jetzt verstehen wir das Erbarmen des Vaters besser, der den verlorenen Sohn wieder aufnimmt. Das ist der Blick in Gottes väterliches Herz: Da kommt dieser Junge nach Hause. Alles hat er kaputt gemacht. Das Erbe verspielt und sein Leben zerbrochen. Ein Recht hat er nicht mehr, denn was recht und billig war, hatte er ja schon an sich genommen. Aber der Vater kann es nicht ertragen. Er weist ihn nicht hinaus. Er rennt ihm entgegen und schließt ihn in die Arme. Er erbarmt sich und bringt wieder in Ordnung, was zerbrochen war, was auch durch Schuld und Versagen dieses Jungen zerbrochen war.

Dieses Erbarmen können wir nicht aufbrauchen. Es ist nicht so, wie es unter Menschen oft ist: Irgendwann ist der Vorrat an Verständnis und Geduld aufgebraucht. Irgendwann geht es nicht mehr. Das werden wir bei Gott nicht schaffen, dass er sagen müsste: Jetzt ist mein Vorrat an Erbarmen aufgebraucht. Gottes Erbarmen erschöpft sich nicht, was auch geschieht. Er erbarmt sich nicht nur siebenmal, sondern sieben mal siebzigmal. Mehr noch: Jeden Morgen, wenn wir aufstehen, können wir sagen: So neu wie dieser Tag ist, so neu ist Gottes Erbarmen: ganz frisch und unverbraucht, wie am ersten Tag, uneingeschränkt für mich. Das ist es, was uns immer bleibt, das ist, wie der Sänger es sagt, unser Teil – *our portion*, unsere Portion, übersetzt eine amerikanische Bibel.

Unser Klagesänger ist übrigens keine gespaltene Persönlichkeit. Es kann einen ja schon wundern, warum er erst so heftig Gott anklagt und dann plötzlich so zuversichtlich von Gottes Erbarmen redet. Wie kommt das? Ich habe es so erklärt: Gott lässt ihn einen Blick in sein Herz tun, und er sieht hinter dem Nein ein Ja. Aber es ist noch etwas anderes: Er erkennt plötzlich auch die Spuren der Barmherzigkeit Gottes in seinem Leben. Ganz behutsam – und ohne damit das Schwere mit frommen Phrasen zuzukleistern. Aber da ist doch etwas: Es ist nicht aus mit uns. Wir sind immer noch da. Wir sind schwer getroffen, aber wir leben noch. Uns ist nicht der Garaus gemacht. Wir sind nahe am Abgrund, aber wir werden gehalten und stürzen nicht in die Tiefe. Das macht Gottes Barmherzigkeit. Über dem Abgrund – aber gehalten.

Das ist Gottes Erbarmen. Von JESUS wird erzählt, ihm sei das Leiden der Menschen an die Nieren gegangen. Ich hab das gerade hinter mir und weiß, wovon ich rede: Es bereitet Gott Nierenkoliken, wenn er uns leiden sieht. Und er lässt uns in sein Herz schauen: wo wir ein Nein sehen, wohnt ein Ja. Und das Schwere, das wir nicht verstehen, soll nicht das letzte Wort behalten.

Darum kommt unser Klagesänger auch zu einem Entschluss:

3. Von einem, der sich Gott zu Herzen nimmt

Noch ist nichts wirklich anders geworden. Das dürfen wir nicht vergessen. Israel liegt immer noch in Schutt und Asche. Die Trauer regiert immer noch das Land. Unser Klagesänger ist immer noch im Elend. Aber in ihm reift ein Entschluss: Das nehme ich zu Herzen, singt er. Ich will auf ihn hoffen. Von der Hoffnung redet sein Lied: Weil es doch nicht ganz aus ist, will er überhaupt noch hoffen. Und weil Gottes Barmherzigkeit jeden Morgen neu ist, will er auf ihn hoffen. Und weil Gott solche Hoffnung nicht enttäuscht, weil er vielmehr freundlich auf Menschen schaut, die etwas von ihm erwarten, will er geduldig auf Gott hoffen. Ja, so sagt er es seiner Gemeinde: Das ist gut – „ein köstlich Ding“, übersetzt LUTHER –, das ist richtig gesund: geduldig sein und auf die Hilfe des Herrn hoffen. Ich will täglich ausschauen und erwarten, dass Gott mir und uns hilft, die Umstände ändert, in denen wir leben müssen, oder unser kleines, schwaches Herz, das es nicht mehr erträgt, oder beides.

Er, der so viel Schweres erlebt hat, er hat das Recht, er hat die Autorität, er hat die Glaubwürdigkeit, uns das zuzumuten. So von der Hoffnung zu sprechen, während wir die Bilder aus Moskau und Osttimor noch vor Augen haben. Ein Schreibtischtäter und Buchgelehrter hätte das nicht, das Recht, die Autorität und die Glaubwürdigkeit. Aber er hat das alles, sein Leiden macht ihn glaubwürdig, wenn er seiner Gemeinde gegenübertritt und sagt: Ich will geduldig auf die Hilfe des Herrn hoffen, und ich bitte euch: Tut das ebenso.

Es ist kein Gefühl, das ihn dazu bringt. Seine Gefühlswelt dürfte ziemlich turbulent gewesen sein. Es ist ein Entschluss, es ist ein Akt seines Willens. Und das ist es, worum es auch heute geht:

Wir sollen entdecken, dass in Gottes Herz nichts als Erbarmen wohnt, und zwar nicht allgemein und irgendwie, sondern Erbarmen mit meinem, mit eurem Leben.

Und dann sollen wir eine Entscheidung treffen, die wir vielleicht noch nie so getroffen haben: Alles in unserem Leben soll mit Gott in Verbindung stehen. Gerade das Schwere, das Zerbrochene und Kranke, gerade das, wo ich furchtbar versagt habe und schuldig wurde, wo ich mit meinem Leben in die Irre gelaufen bin und nicht aus noch ein weiß. Das will ich ihm sagen, mit festem Blick auf seine mütterliche Fürsorge und sein väterliches Erbarmen. Und ich will auf ihn hoffen, dass er hilft. Hoffen und harren soll uns dann nicht zum Narren machen. Gottes Erbarmen soll dem Schweren folgen. Er betrübt wohl, heißt es am Ende des Liedes, aber dann erbarmt er sich nach seiner großen Güte.

Und das können wir nicht konkret genug durchbuchstabieren. Die Hoffnung soll sich ausrichten auf das, was uns konkrete Not bereitet: die Kinder, deren Weg wir nicht mehr bestimmen können: Herr, erbarme dich. Das Gefühl, so überflüssig zu sein, wenn keiner mehr meine Arbeitskraft nötig hat: Herr, erbarme dich. Die Krankheit, die an mir arbeitet und mich allmählich aufzehrt: Herr, erbarme dich. Die Sorge, wie diese kleine Gemeinde überleben kann: Herr, erbarme dich. Die Angst, das in der Schule Geforderte nicht zu schaffen, trotz aller Mühe: Herr, erbarme dich. Die Demütigung, immer am Rande zu stehen, während andere sich bewundern lassen: Herr, erbarme dich.

Wenn wir zum Abendmahl eingeladen sind, treten wir aus unseren Bankreihen heraus und kommen, und wir empfangen Brot und Kelch. Das soll heute für uns heißen: Wir fassen den Entschluss, auf Gott, auf sein Erbarmen und seine Hilfe zu hoffen. Und wenn wir dann Brot und Kelch empfangen, dann lässt uns Gott einen Blick in sein Herz tun, dann schmecken und spüren wir Gottes Erbarmen. Amen.

3 Gottes Dennoch

Herbstkonferenz der Studentenmission in Deutschland (SMD), 9.10.1999 in Marburg – Psalm 73

1 EIN PSALM ASAFS. Gott ist dennoch Israels Trost für alle, die reinen Herzens sind. 2 Ich aber wäre fast gestrauchelt mit meinen Füßen; mein Tritt wäre beinahe geglitten. 3 Denn ich ereiferte mich über die Ruhmredigen, als ich sah, dass es den Gottlosen so gut ging. 4 Denn für sie gibt es keine Qualen, gesund und feist ist ihr Leib. 5 Sie sind nicht in Mühsal wie sonst die Leute und werden nicht wie andere Menschen geplagt. 6 Darum prangen sie in Hoffart und hüllen sich in Frevel. 7 Sie brüsten sich wie ein fetter Wanst, sie tun, was ihnen einfällt. 8 Sie achten alles für nichts und reden böse, sie reden und lästern hoch her. 9 Was sie reden, das soll vom Himmel herab geredet sein; was sie sagen, das soll gelten auf Erden. 10 Darum fällt ihnen der Pöbel zu und läuft ihnen zu in Haufen wie Wasser. 11 Sie sprechen: Wie sollte Gott es wissen? Wie sollte der Höchste etwas merken? 12 Siehe, das sind die Gottlosen; die sind glücklich in der Welt und werden reich. 13 Soll es denn umsonst sein, dass ich mein Herz rein hielt und meine Hände in Unschuld wasche? 14 Ich bin doch täglich geplagt, und meine Züchtigung ist alle Morgen da. 15 Hätte ich gedacht: Ich will reden wie sie, siehe, dann hätte ich das Geschlecht deiner Kinder verleugnet. 16 So sann ich nach, ob ich's begreifen könnte, aber es war mir zu schwer, 17 bis ich ging in das Heiligtum Gottes und merkte auf ihr Ende. 18 Ja, du stellst sie auf schlüpfrigen Grund und stürzest sie zu Boden. 19 Wie werden sie so plötzlich zunichte! Sie gehen unter und nehmen ein Ende mit Schrecken. 20 Wie ein Traum verschmäht wird, wenn man erwacht, so verschmähst du, Herr, ihr Bild, wenn du dich erhebst. 21 Als es mir wehe tat im Herzen und mich stach in meinen Nieren, 22 da war ich ein Narr und wusste nichts, ich war wie ein Tier vor dir. 23 Dennoch bleibe ich stets an dir; denn du hältst mich bei meiner rechten Hand, 24 du leitest mich nach deinem Rat und nimmst mich am Ende mit Ehren an. 25 Wenn ich nur dich habe, so frage ich nichts nach Himmel und Erde. 26 Wenn mir gleich Leib und Seele verschmachtet, so bist du doch, Gott, allezeit meines Herzens Trost und mein Teil. 27 Denn siehe, die von dir weichen, werden umkommen; du bringst um alle, die dir die Treue brechen. 28 Aber das ist meine Freude, dass ich mich zu Gott halte und meine Zuversicht setze auf Gott den HERRN, dass ich verkündige all dein Tun.

Liebe SMD-Gemeinde!
„Dennoch bleibe ich stets an dir; denn du hältst mich bei meiner rechten Hand."
50 Jahre SMD – *dennoch* bleibe ich stets bei dir! Das ist ein Wort! Die diese Geburtstagsfeier der Studentenmission vorbereitet haben, haben in ihrer unendlichen Weisheit diesen Psalm als Predigtwort ausgewählt. Haben sie danebengegriffen? Haben sie in die Hängeregistratur gegriffen und den Ordner „Texte für alle (Un-)Fälle" erwischt? Ist das nicht ein Text, den man in der Hinterhand bereithält, für alle Fälle, wenn man eingeladen würde zur Beerdigung der Landeskirche oder zur Abstiegsfeier von Bayern München in die Bayernliga? Was soll dieses Wort bei einem Geburtstagsfest? *„Bis hierher hat uns Gott gebracht*", das machte doch Sinn. Oder: *„Der Herr hat Großes an uns getan, des sind wir fröhlich*", das könnte man gut hören. Aber nein, Psalm 73 soll es sein: *„Dennoch bleibe ich stets an dir; denn du hältst mich bei meiner rechten Hand.*"
Aber was soll's, wir müssen da jetzt zusammen durch. Dreifach ist der Beitrag dieses Psalms zum Geburtstag der SMD, dreifach wird durchbuchstabiert, was SMD (auch) bedeutet.

1. Verwunderung, denn: Sieh auf meine Durststrecke!

Er wäre fast gestrauchelt, unser Beter. Für ihn hieß SMD: „Sieh auf meine Durststrecke." Umsonst hat er sich gemüht, vergeblich geglaubt. Es lohnt sich nicht. Es kommt nichts dabei herum. So bitter-ehrlich ist seine Glaubensbilanz. Und er hat dafür zwei Gründe:
- Der eine: dass es den Gottlosen so gut geht.
- Der andere: dass es ihm selbst so schlecht geht.

Dass es den Gottlosen so gut geht, regt ihn offensichtlich am meisten auf: Zehn lange Verse erzählen, wie die leben, die es auch ohne Gott schaffen. Und es ist wie ein Werbeprospekt unter dem Motto: „Mit Sicherheit mehr Vergnügen."
Das Schlimme ist: Die Gottlosen wohnen nicht in Las Vegas oder Hollywood. Die wohnen gleich nebenan. Die sieht er Tag für Tag. Und ihr Leben ist äußerst attraktiv.
- Während er sich zum Arzt schleppt, joggen sie locker an ihm vorbei.
- Während er zur Arbeit muss, überlegen sie, ob sie ein bisschen shoppen oder sich zum Kir Royal im Szene-Bistro treffen.
- Während er den Kleinsten wickelt, fahren sie im neuen Cabrio an seinem

Fenster vorbei, die Lebensabschnittsgeliebte im Arm. Der eigene Sohn sitzt hinten mit im Auto.

- Nachmittags sieht er sie im Fernsehen: Talkshow-Time! Erst: „Unter deiner Kleidung bist du nackt, du Schlampe!“ Danach: „Glauben ist dämlich – Es geht ohne Gott!“. Na, Nachbar, geht’s wieder zum Beten? ... So ziehen sie ihn durch den Kakao.
- Und die Leute fliegen ihnen zu. Während seine Gemeinde nicht über 27 Gottesdienstbesucher hinaus wächst, strömen die Massen in die esoterischen Wellness-Tempel, und bei der Jugendweihe werden es auch immer mehr.

Es lohnt sich nicht, dort ist Wohlleben, hier Mühsal. Dort ist das Leben! Und er kann es nicht verhindern, die fröhlichen Gottlosen zu beneiden: Die denken nicht darüber nach, ob es verantwortbar ist, sich ein neues Auto zu kaufen oder doch lieber die Missionsarbeit in der Ukraine zu unterstützen. Die können genießen, ohne schlechtes Gewissen. Die haben es einfach einfacher. Und unser Beter erschrickt ein bisschen: Er horcht in sich hinein – und was entdeckt er? Neid! Neid auf diese fröhlichen Gottlosen, keine verbiesterten Agitatoren des theoretischen Atheismus, die haben längst abgedankt. Das waren ja noch Gegner, gegen die zu streiten sich lohnte. Nein, muntere, gut gelaunte, chic gestylte, nette Zeitgenossen, die einfach gut drauf sind und nur einen kleinen Fehler haben: sie halten’s nicht so mit der Religion. Attraktiv ist ihr Leben, das ist *die* missionarische Bewegung: Sei wie wir, lass es dir gut gehen. Das Leben ist zu kurz, um miesepetrig zu sein. Nimm mit, was du kriegen kannst. Hab Spaß – man lebt nur einmal! Der alte Herr dort oben hat abgedankt.

Dieser Missionsbewegung strömen die Massen zu.

Und Gott lässt es zu. Der schlägt nicht drein. Der lässt es auch zu, dass es ihm, unserem Beter, nicht gut geht. Dass er sein Leben als schwer empfindet. Sieh auf meine Durststrecke, aber Gott scheint es nicht zu interessieren. Ich bin doch täglich geplagt. „*All Morgen ist ganz frisch und neu*“, des Lebens Müh und Plag ist treu. Es ist offenbar so, dass es nicht nur reiche Jünglinge schwer haben mit dem Glauben, sondern auch arme Schweine.

Dieser Psalm dreht die übliche Verkündigung auf den Kopf. Als Evangelist fiele er doch durch das Examen! Heißt es dort: „Komm zu JESUS und dein Leben wird gut!“, so heißt es hier: „Guck mal, wie gut es denen geht, die JESUS einen lieben Mann sein lassen, und sieh meine Durststrecke!“ Das ist kolossal missionarisch, nicht wahr? Nach einem Prinzip, das die Soziologen das Prinzip der unmittelbaren Evidenz nennen, reagieren die Menschen nur noch auf

das, was ihnen schnell einleuchtet und sich rasch als wichtig, gut, unterhaltsam, hip und cool aufdrängt. Dieser Mann ist weder hip noch cool. Also, keine missionarische Wirkung zu erwarten, oder?
Aber ist es nicht auch kolossal ehrlich? Geht es nicht so im Leben? O.k., nicht jedem: Gott sei Dank für jeden guten Tag! Macht bloß kein Gesetz aus Psalm 73: „Erst wenn du ganz unten bist, bist du richtig!“ Aber manchen – gar nicht so wenigen – geht es doch so: dem Herrn treu – und es scheint sich nicht zu lohnen.
Dagegen: Die anderen – die können tun und machen, was sie wollen, und es bleibt still dort oben im Himmel! Jetzt müssten doch Blitz und Donner vom Himmel kommen. Jetzt müsste Er doch die Weltordnung wieder herstellen, dass es dem Frommen gut ergehe und Gottlosigkeit sich nicht auszahlt. Wir sind natürlich so edel, hilfreich und gut, dass wir uns kaum eingestehen, dass wir dem Gottlosen Pest und Cholera an den Hals wünschen. Da sind die Psalmen ehrlicher. Aber es bleibt ganz still, und es passiert nichts, weder zum Guten für den Frommen noch zum Bösen für den Gottlosen. Und darin sind der Beter und die Gottlosen ganz einig: Wir können doch tun und lassen, was wir wollen – von oben droht uns keine Gefahr!

- Da ist das Kind krank und wird immer kränker und kein Arzt und kein Gebet helfen.
- Da kommt einer nicht mehr mit, kein Jammer-Ossi aus Prinzip, aber einer, der es einfach nicht mehr schafft, das viele Neue seit 89.
- Da will einer so viel noch tun, und die Krankheit greift ihn plötzlich und zieht ihn runter.
- Da ist einer treu in seiner Gemeinde und wartet immer noch auf den Arbeitsplatz, ihn scheint keiner mehr zu brauchen.
- Da hat sich einer aufgerieben für die SMD-Gruppe und dann steht er nach dem Examen auf der Straße.
- Da hatten welche mitgeholfen, den Wandel friedlich und doch konsequent voranzutreiben, aber jetzt sitzen wieder nur vier Omas, sechs Konfis und ein paar Unentwegte unter seiner Kanzel – die anderen haben Besseres zu tun.
- Da sind zwei so mutig gestartet, mit JESUS in die Ehe, und jetzt merken sie doch: Die Liebe ist ihnen abhanden gekommen.

Und eigentlich, aber das kann er sich fast noch weniger eingestehen wie den Hass auf die, denen es besser geht, eigentlich ist er Gott von Herzen böse und gram, dass es so ist und bleibt.

Aber er schüttet sein Herz aus. Vor Gott: Sieh auf meine Durststrecke. Sie reden noch miteinander. Und sie reden noch ehrlich miteinander. Ich staune über Gottes Nehmerqualitäten. Er lässt es sich gefallen, so ins Gesicht beklagt zu werden. So kann man mit Gott reden, wenn es dem Herzen danach ist. Es ist besser, so unverschämt zu sein, als das Gespräch mit Gott abzubrechen. Das ist das Erste, was wir heute lernen!

2. Verzweiflung, aber: Such Mut unter meinem Dach

Es ist kein Spiel, wenn der Glaube so nackt dasteht. Es steht auf Messers Schneide. Es könnte ihm auch der Glaube abhanden kommen. Er könnte zum Zyniker werden, dem nichts mehr heilig ist. Er könnte überlaufen, hinterherlaufen, wenn die fröhlichen Gottlosen wieder seinen Weg kreuzen. Da kann man den Atem anhalten, wie es wohl weitergeht mit ihm.
So ist das zuweilen auch in der Seelsorge: Da kann man nur noch den Atem anhalten! Und die sich sorgen, stehen mit leeren Händen da, weil sie für den Freund in der Krise auch keine Lösung haben. Sie haben auch keine Heilung für das Kind, keinen Job, keinen Trick, wie die Kirche voll werden könnte, keinen Dreh, der den Verwundeten die Liebe wiedergibt. Sie haben vielleicht gar keinen Zugang mehr zum Herzen des Verzagten, nur den über den Thron Gottes, im Gebet.
Und allmählich ändert sich etwas – aber wo ändert sich etwas? Nicht im Denken. Unser Beter leistet intellektuelle Knochenarbeit, es ist Schwerstarbeit für seinen Verstand, und er kommt nicht damit zu Rande. *„So sann ich nach, ob ich's begreifen könnte, aber es war mir zu schwer."*
Dann aber kommt die Wendung in diesem Psalm: *„... bis ich ging in das Heiligtum Gottes."* Da ändert sich was, noch nicht an den Umständen seines Lebens, aber an seinen Einstellungen zum Leben.
Es ändert sich etwas, wenn die Anfechtung den Frommen ins Wort hinein treibt, in die Gemeinde, ins Gebet, ins Sakrament, nun erst recht. Gegen Gott wendet er sich an Gott. Und dort, im Heiligtum, da wo Gott redet und hört, wo er tröstet und zurechtbringt, wo er gelobt wird und bekannt, da ändert sich der Blick des Beters auf die Dinge.
Heiligtum – der für Gott reservierte und von Gott belegte Ort. SMD heißt jetzt: Such Mut unter meinem Dach. Wir haben keinen Tempel, aber:

- Unser Heiligtum ist die Gemeinschaft derer, die JESUS lieb haben.
- Unser Heiligtum ist das Hören und Horchen, was denn die Bibel zu unserem Leben sagt.

- Unser Heiligtum ist der Tisch, der uns gedeckt wird und an dem wir hören und schmecken: CHRISTI Leib, für dich gegeben, CHRISTI Blut, für dich vergossen.
- Unser Heiligtum ist die Seelsorge, in der ich mich ausheulen darf vor Gott und in der das einer mit aushält, um dann zuzusagen: Der Herr ist dennoch mit dir.

Und das ist der eine alte Weg des Glaubens: Lauf nicht weg von Gott, wenn er dir rätselhaft wird, sondern lauf nun erst recht hin zu deinem Gott. Gib dich nicht zufrieden, bis du Trost erfahren hast. Suche gegen Gott Gott zum Helfer. Es ändert sich noch nichts am Leben dieses Menschen. Unser Psalm erzählt keine einfache Geschichte, die am Ende doch das alte Schema bedient: Früher ging's mir schlecht – dann fand ich zum Herrn, und nun geht's mir ganz toll. Es ändert sich aber die Perspektive: der Blickwinkel, von dem aus dieser Mensch auf sein Leben schaut.
Er probiert dabei so manches aus, was aber offenbar nur sehr bedingt tröstet.

- *Erster Versuch*: Er sieht das Ende der unbekümmerten Gottlosen: Am Ende wird es doch so sein, wie MALEACHI es auf der letzten Seite des Alten Testaments beschreibt. Da werden die Bücher des Gedächtnisses geöffnet. Und dann wird Gott sich derer erbarmen, die ihn gefürchtet haben. Und man wird den Unterschied sehen zwischen den Kindern Gottes und den Gottlosen, und dieser Tag soll brennen wie ein Ofen.
  Und es ist ein Trost zu wissen, dass die Bücher nicht geschlossen sind über den Ungezählten, deren Namen keiner weiß, die Unrecht und Leid erlitten haben. Ihr Recht soll zur Geltung kommen, das ist gewiss.
  Und das schöne Leben der Gottlosen erweist sich dann als Illusion, als ein Traum, den man vergisst, sobald man erwacht. Sie haben in einer Art Matrix gelebt, einem Schein-Leben, das am Ende entlarvt wird. Es war kein reales Leben, das sie geführt haben. Und so singt der Beter ihnen ein Leichenlied. *„Denn siehe, die von dir weichen, werden umkommen."* Aber es tröstet offenbar nicht tief genug.
- *Zweiter Versuch*: Er spielt es wirklich durch: Wie wäre es, wenn ich überliefe, wenn ich so redete wie sie, wenn ich auch ein so unbekümmert-fröhlich-gottloses Leben anfinge? Aber dann bremst ihn etwas, das uns vielleicht überrascht: Er denkt an „*das Geschlecht deiner Kinder*". Er denkt an die „*Wolke der Zeugen*". Und das bremst ihn. Er kann doch nicht die verraten und verkaufen, die den Weg des Glaubens vor ihm gegangen sind und zu denen er doch gehört.

Nein, es bremst ihn, aber es tröstet ihn nicht tief genug, er kann sich damit allein nicht zufrieden geben. Es würde nicht reichen, um auch morgen und in einem Monat und in fünf Jahren mit dem Leben klarzukommen. Immer noch tut es weh im Herzen und sticht in die Nieren: Organpiercing, so schlimm ist die Anfechtung.
Wohin wird das führen: SMD – Such Mut unter meinem Dach?

3. Vertrauen, denn: Schau auf mein Dennoch!

Ganz am Ende erst findet der Beter den Trost, der ihn trägt. Jetzt schaut er in Gottes Antlitz. Und erst da findet er zur Ruhe. Im Aufblick zu Gott selbst.
Da geht es ihm auf: Wenn er sonst nichts mehr hat, er hat eines, den Herrn selbst. Das ist sein Teil, sein Erbe, seine *„portion“*, wie es in der amerikanischen Bibel heißt.
Gott – das ist die erstaunliche Botschaft – ist nicht einfach da, wo oben ist. Er ist nicht einfach da, wo das Leben leicht und locker ist. Gottes Segen und Führung ist nicht einfach und nicht immer mit Erfolg und Glanz identisch. Gott verbirgt sich manchmal unter dem Gegenteil. Er ist gerade da bei uns, wo wir in Leid und Traurigkeit zu versinken meinen. Gott – verborgen unter dem Gegenteil. Nicht da, wo alles gut ist, zu erkennen an Reichtum, Gesundheit, Beliebtheit.
Es gibt auch unter frommen Leuten den Wahnwitz zu meinen: Wenn du richtig glaubst, dann wird alles gut, dann bist du gesund, dann bist du gut drauf, dann wird es auch wirtschaftlich prima, dann kann deine Ehe eigentlich nur ein Schweben auf Wolke Nr. 7 sein! Und daraus wird dann das neue Gesetz: es heißt Ganzheitlichkeit. Ein ganzes, heiles, rundes Leben habe der Christ. Und dann stehen die mit den Fragmenten und Bruchstücken draußen vor der Tür, denn sie sind hier nicht vorgesehen. Aber Gott ist unter dem Gegenteil verborgen, er ist bei den Fragmenten und bei den Bruchstücken. Zum Trost für die, die unter ihren Fragmenten leiden und das neue Gesetz der Ganzheitlichkeit und der Fülle des Geistes nicht erfüllen können: Gott ist da unten, in tiefster Verborgenheit, ganz nah, ganz zugewandt, voll erbarmender Liebe, bei dir.
Fragst du, wer das ist – er heißt JESUS CHRIST. Der Gott, der ganz unten ist, bei denen, die auch ganz unten sind, mit zerschlagenem Herzen, zerplatzten Träumen, wundem Leben, bedrohtem Glauben, bei denen ist er, nicht auch noch so ein bisschen, sondern mit besonderem Einsatz. Der Gekreuzigte ist das Unterpfand für die ganz unten: Keiner da unten ist verlassen und allein. Greif nicht

nach oben, wenn du Gott suchst, sagt LUTHER, *„er ist nicht in luftiger Höhe, er ist bei uns im Schlamm und arbeitet, dass ihm die Haut raucht."*
Das Entscheidende am Glauben ist diese gymnastische Übung, die wir täglich brauchen: der Blick weg von uns, der Blick weg von den bösen anderen, der Blick weg von allem, der Blick hin zu JESUS. Das ist die Urgymnastik des Glaubens: immerzu weg von mir, hin zu ihm. Nicht: Geh in dich – da ist doch auch nichts los!
Er ist wie die Mutter, die das Kind tröstet, und der Vater, der es auf den Schoß nimmt: Der Schmerz ist noch da, aber es ist jetzt gut, bei Papa und Mama ist es gut und muss auch wieder gut werden.
Und das hört sich in der Sprache des Psalms dann so an: *„Dennoch bleibe ich stets an dir; denn du hältst mich bei meiner rechten Hand. Du leitest mich nach deinem Rat und nimmst mich am Ende mit Ehren an."*

Ihr Lieben, jetzt wacht bitte noch einmal auf. Jetzt entscheidet sich, ob wir verstanden haben und getröstet werden, oder ob wir schrecklich missverstanden haben und ohne neue Kraft in den Alltag zurückkehren. Worum geht es in diesem „Dennoch"?
Wir können diesen berühmten Vers so hören: Komme, was da wolle, ich bleibe doch dem Herrn treu. „*Wenn dich auch alle verlassen*", ich doch niemals, Herr! Ein heroisches Bekenntnis. Ein teutonischer Glaube. Wir sehen dann gewöhnlich einen recht deutschen LUTHER auf dem Reichstag stehen: Hier stehe ich, ich kann nicht anders. Marmor, Stein und Eisen bricht, aber doch mein Glaube nicht! Dann wäre die Botschaft dieses Gottesdienstes: Reiß dich zusammen, bleib dran!
Nur: Glauben wir das diesem Beter, nach dem, was er uns erzählt hat aus seinem Leben? Trauen wir uns das zu, bis an den Tag, an dem Gott die Verhältnisse unseres Lebens und dieser Welt verändert?
Wir sollen darum diesen berühmten Vers anders hören: *„Yet I am always with you"*, heißt es in der New International Version. Und aus dem Hebräischen klingt es so – erstaunt, überrascht, fast beschämt: *„... und ich, ich bin ja immer noch bei dir!"* Das „Dennoch" ist weit weniger trotzig, und es gehört auf die andere Seite: Du, Gott, bist dennoch Israels Trost. Schau auf *mein* Dennoch, sagt Gott. Und dann staune ich: Ich bin ja immer noch bei dir. Warum? Weil ich doch so standfest und so tapfer bin und für meinen Glauben auch die Hand ins Feuer legen würde? Nein, achtet auf die Grammatik, ihr Lieben: Ich bin ja stets bei dir, denn *du* hältst mich bei meiner rechten Hand. *Du* leitest mich nach deinem Rat. *Du* nimmst mich am Ende mit Ehren an. Dreimal „du". *Du*

hältst, *du* leitest, *du* nimmst mich an. Weil du das tust, bin ich immer noch, zu meinem eigenen Erstaunen, bei dir. Weil du das tust, bringt mich auch das, was ich jetzt durchmache, nicht von dir weg. Weil du das tust, komme ich am Ende auch am Ziel an. Und dann will ich auch nicht nach Himmel und Erde fragen – jetzt kommt das kleine Ich hinter dem großen Du hinterhergelaufen –, denn *du* bist mein Trost und mein Teil.

- Ich „*halte dich*" – Und nichts soll dich aus meiner Hand reißen. Und wenn du zu ersaufen drohst wie weiland PETRUS – ich halte dich. Und der arme, kleine, angefochtene Glaube sieht's mit Erstaunen: Ich bin ja immer noch bei dir.
- Und ich „*führe dich nach meinem Rat*". Oft genug wirst du nichts verstehen. Doch halte daran fest: Ich habe einen guten Plan, und ich führe diesen Plan auch aus, bis zum guten Ende. Auf rätselhaften, krummen Wegen – ja, aber unter meiner Führung. Gottes Plan mit meinem Leben ist nicht die To-do-Liste, die ich aufdecken und abarbeiten soll. Gottes Plan mit meinem Leben ist der verborgene Sinn, der hinter allem steckt, was ich durchmache. Es ist wie bei einem schönen Teppich, der gewoben wird. Erst sieht man nur ein Kuddelmuddel von Fäden, ist er aber fertig, dann dreht man ihn um und sieht das herrliche Muster, das der Künstler gewebt hat. Und der arme, kleine, angefochtene Glaube sieht's mit Erstaunen: Ich bin ja immer noch bei dir.
- Und am Ende werde ich dich von hier wegnehmen und zu mir holen. Und dann mache ich dir einen Empfang wie für einen hohen Staatsgast, da werden im Himmel die roten Teppiche für dich ausgerollt, als wärest du der Einzige und der Wichtigste, der da ankommt. Denn dann werden die, die wie du geglaubt haben, da stehen und jubeln, weil du am Ziel angekommen bist. Und dann wird alles wieder gut und heil, was dich jetzt so kaputt macht. Und der arme, kleine, angefochtene Glaube sieht's mit Erstaunen: Ich bin ja immer noch bei dir.

Warum ist das alles nun ein Wort an die SMD – Studentenmission in Deutschland? Ist dieser Psalm nicht geradezu eine Ausladung ist Nicht-Glaubende? Das nehmt nun mit:
Gott macht euch Mut zu einem authentischen und echten Leben vor seinem Angesicht. Er erträgt auch die Klage in den bitteren Zeiten; sie ist ihm allzumal lieber als das abgebrochene Gebet. Und dann ruft er uns in sein Heiligtum, an die Orte, wo er versprochen hat, mit uns zu sprechen. Und dort macht er uns gewiss, dass er uns trägt bis zum guten Ende. Wer das weiß, in dem kann die Zuversicht ein bisschen stärker werden als das Leid. So weit waren wir schon mit unserer Predigt.

Und jetzt zur Mission: Am Ende sagt der Beter: *„Das ist meine Freude, ... dass ich verkündige all dein Tun."* Was ist denn dann Inhalt dieser Verkündigung? Kein Vorher-nachher-Spiel wie in der Werbung für die Diätmargarine. Sondern das Zeugnis eines authentischen und echten Lebens, mit Hochs und Tiefs und viel Durchschnittlichkeit, aber eines wirklichen Lebens, wie es viele leben und bestehen müssen, nichts Besonderes. Das Besondere ist nicht unser Leben, das Besondere ist der, der es schuf, trägt und vollendet. Und das Zeugnis des Glaubens an einen Herrn, der inmitten der Rätselhaftigkeit unserer Tage uns hält, uns leitet und zum guten Ziel führt. Vielleicht erreicht ein solches Zeugnis gerade die, die unter der Last ihres Lebens leiden. Den gekreuzigten JESUS bezeugen wir, und nicht uns selbst, nicht den Hochglanzprospekt eines tollen Lebens, sondern einen Herrn, der uns über dem Abgrund hält. *„Das ist meine Freude, ... dass ich verkündige all dein Tun."* Amen.

4 Vom Suchen, vom Finden und von der Freude

Semestereröffnungs-Gottesdienst der Ernst-Moritz-Arndt-Universität Greifswald, Dom St. Nikolai, 16.10.1999 – Matthäus 13,44-46

44 Das Himmelreich gleicht einem Schatz, verborgen im Acker, den ein Mensch fand und verbarg; und in seiner Freude ging er hin und verkaufte alles, was er hatte, und kaufte den Acker. 45 Wiederum gleicht das Himmelreich einem Kaufmann, der gute Perlen suchte, 46 und als er eine kostbare Perle fand, ging er hin und verkaufte alles, was er hatte, und kaufte sie.

Liebe Gemeinde!

Es ist doch so: Den schönen BMW, den der Norddeutsche Rundfunk einmal pro Woche vergab, den bekamen immer andere. Auch als wir hier in Greifswald unser Gartenland zum ersten Mal umgruben, fanden sich zwar bemerkenswerte Exemplare von Steinen und jede Menge Wurzeln, aber keine Schätze, keine geheimnisvollen Truhen mit schweren Schlössern, kein Beutegold aus vergangener Zeit.

So machen mich solche Geschichten immer ein bisschen neidisch, sie wecken Sehnsucht, und vielleicht sollen sie das auch. Vielleicht werden diese Geschichten weitererzählt, um in uns die Sehnsucht zu wecken, dass so etwas auch in unserem Leben passieren könnte – nicht unbedingt ein roter BMW 316i, aber auch nicht weniger; etwas anderes, vielleicht etwas viel Größeres. Also:

Da läuft einer über den Acker. Er ist offensichtlich nur ein Lohnarbeiter, ihm gehört das Land nicht. Er tut nur seine Arbeit. Da stößt sein Pflug an etwas Hartes. Er bleibt hängen, stolpert. Schon ärgert er sich: wieder so ein dicker Brocken, ein großer Stein, den er mit dem Seil herausziehen muss. Er legt die Erde ein bisschen frei, da merkt er: Moment, das ist kein Stein, das ist eine alte Truhe, nicht sehr groß, aber offenbar ziemlich schwer. Er zieht sie vorsichtig aus dem Boden, bricht das alte Schloss auf, sein Herz schlägt schneller, und er kann es kaum fassen: die Truhe ist voll von Silbermünzen. Von nun an funktioniert dieser einfache Mann wie ein Uhrwerk: Er schaut sich nach allen Seiten um. Gut, dass niemand ihn gesehen hat. Er beeilt sich, vergräbt die Kiste wieder und arbeitet erst einmal seine Schicht zu Ende, als wäre nichts geschehen. (JESUS liebte es, Geschichten von solchen kleinen Schlitzohren zu erzählen!) Der Mann kratzt zusammen, was er hat, viel ist es nicht, ein paar

zusätzliche Töpfe, etwas Schmuck von der Mutter, ein paar Notgroschen für schlechte Zeiten, und geht zum Landbesitzer: Du, sagt er, ich will es halten wie meine Väter, will ein bisschen Gemüse anbauen, eine Kuh kaufen... Lass mich den Acker kaufen, er liegt so weit ab, es schadet dir nicht, wenn du ihn mir gibst. Und tatsächlich, es klappt. Er bekommt den Acker, der Landbesitzer merkt nicht, was er tut. – Was wohl unsere Juristen sagen würden, wenn sie diese Geschichte mit einem Rechtsgutachten versehen müssten! JESUS lässt es so stehen: Er fand, ohne gesucht zu haben. Er gab hin, was er hatte, um diesen einen Schatz zu bekommen. Er freute sich über das, was er sich nicht im Traum erhofft hätte.
Etwas anders der andere. Kein armer Wicht, eher ein Kaufmann, einer mit Erfahrung. Ein Schmuckhändler. Er ist stets auf der Suche. Die schönste Perle, das edelste Geschmeide, das müsste es sein. Ein ewiger Sucher. Und auch er wird eines Tages fündig. Er findet eine besonders schöne und wertvolle Perle. Auch er setzt alles auf diese Karte. Ob die Seinen ihn verstanden haben? Oder ob sie an seinem Verstand zweifeln mussten, ihn gar für unzurechnungsfähig erklärten? Muss man ihn nicht vor sich selber schützen? Was wohl unsere Psychologen sagen würden, käme so einer zu ihnen, zwecks medizinisch-psychologischem Gutachten? JESUS lässt es wiederum so stehen: Er fand, was er immer schon suchte. Er gab hin, was er hatte, um diesen Schatz zu besitzen. Er war endlich am Ziel einer langen Suche, hielt in Händen, wovon er ein Leben lang geträumt hatte.
Nun wäre das alles ganz nett, eben zwei schöne alte Anekdoten von seltsamen Käuzen, die ein spätes Glück fanden. Es wäre nur ganz nett – ein einfaches Beispiel für die Alltagsklugheit der kleinen Leute, die urplötzlich ihr großes Glück machen. Wäre da nicht der Vergleich! Wären da nicht diese ersten Worte, mit denen JESUS seine Geschichte eröffnete: Liebe Leute, mit dem Himmelreich, mit Gott, mit mir ist es so wie mit diesem Schatz und diesem Kaufmann.
Weil es offenbar um mehr geht als um eine nette alte Geschichte, schauen wir noch einmal genauer hin: 1. Vom Finden – 2. Vom Verkaufen – 3. Von der Freude.

1. Vom Finden

Der Clou der ersten Geschichte ist das Unverhoffte. Da findet einer, der nicht dafür bestimmt schien, ein reicher Mann zu werden. Und er findet, wo er nichts vermutet hat. Er mag seine kleinen Wünsche gehabt haben, wie eben

die Wünsche kleiner Leute sind: etwas weniger Sorgen, Gesundheit für sich und die Seinen, ein bisschen Ruhe und Zufriedenheit im Alter. Ein Schatz stand nicht auf seinem Wunschzettel. Dumm zu hoffen, was nicht zu erhoffen ist.
So meint es JESUS: Da geht einer über den Acker seines Lebens und stößt auf großen Reichtum, unvermutet, unverhofft. So lässt Gott sich zuweilen finden, sagt JESUS. Von denen, die ihn nicht gesucht haben. Von denen, die vielleicht längst aufgegeben haben, nach ihm zu fragen. Von denen, die einmal tief enttäuscht wurden von Gottes Bodenpersonal. Von denen, die zwar irgendwie die kirchliche Laufbahn mitgemacht haben, aber nie recht Zugang fanden zum Glauben. Von denen, in deren Lebensgeschichte das Christentum nicht vorkam, weil es von den Mächtigen schon längst verabschiedet worden war. Und doch stoßen sie auf ihn, durch unverhoffte Begegnungen, durch Gespräche, durch einen Film, durch eine alte Bibel, durch einen Vortrag. Nur ein bisschen wache Aufmerksamkeit macht diesen Finder aus. Nur ein bisschen Neugier, nur die Bereitschaft, sich aufschrecken und stören zu lassen, und dann um das vermeintliche Hindernis keinen großen Bogen zu machen. Das wäre doch etwas, solch eine Haltung könnte man studentisch nennen: Wissbegierde, die sich noch stören lässt, auch vom Unverhofften, auch von Gott. So lässt er sich finden.
Nun könnte man sagen: Was soll ich damit? Das hilft mir so viel wie die Begeisterung von einem, der den Jackpot geknackt hat und mir jetzt einen Vortrag darüber hält, welche ungeahnten Möglichkeiten ihm das eröffnet. Schön für ihn, aber nicht mein Leben!
Gut, dass es den anderen auch noch gibt, den Kaufmann auf der Suche. Auch so kann es gehen: Da sucht einer und sucht. Such bei mir, sagt JESUS, und du wirst finden. Denn wer sucht, der wird finden. Wirklich, es geht nicht um ein ewiges Suchen. Es ist satter Unsinn zu sagen, der Weg sei das Ziel. Hier steht das Evangelium quer, kreuz und quer zum Axiom der Postmoderne. Wer bei mir sucht, sagt JESUS, der soll tatsächlich finden; wer in der Bibel forscht, soll entdecken, welche Schätze sie birgt. Wer in der Kirche nach mir fragt, soll nicht ohne Antwort bleiben. Mehr als ein ernsthaftes Suchen muss er nicht mitbringen, muss nicht schon glauben, lieben, hoffen, aber suchen! Es lohnt sich, mit Eifer zu forschen, die Wirklichkeit mehr und mehr zu durchdringen, sich zu bilden, und darum auch nach Wahrheit zu fragen und zu suchen, die Bibel doch noch einmal darauf abzuklopfen, was sie an Schätzen birgt. Denn es gibt ein Finden, das froh macht, es gibt nicht nur eine ewige Suche. So ist das mit dem Himmelreich.

2. Vom Verkaufen

Kommt jetzt das Kleingedruckte? Kommt jetzt der Teil der Geschichte, der nachdenklich stimmt und skeptisch macht? Sie geben alles her, der eine in seiner Armut, der andere aus seinem Wohlstand. Von außen muss es so ausgesehen haben, als ob sie nicht mehr ganz bei Trost wären. Wie kann einer nur mir nichts dir nichts alles zu Bargeld machen, was er besitzt? Ist der eine durchgedreht? Will der andere abhauen? So sah es von außen aus. Von innen aber war alles glasklar: Diese Männer haben nüchtern gerechnet. Da ist kein Bedauern und kein Zögern, geht es doch um einen höchst reellen Tausch: Was ist schon, was man hatte, gegen diesen Schatz im Acker, gegen diese Perle beim Händler? Diese beiden wussten in jedem Augenblick, wofür sie es taten, und dass ein unermesslich großer Gewinn sie erwartete.
Manchmal ist es wie bei dem reichen Jüngling: „Geh hin, verkaufe alles, was du hast, und gib's den Armen, so wirst du einen Schatz im Himmel haben." Manchmal sagt Gott das so, aber nicht immer und nicht jedem. Andere lässt er weiter treuhänderisch verwalten, was sie hatten, auch wenn es nun ihm gehört. Aber wenn Gott sich finden lässt, dann sagt er immer: Du sollst mir gehören. Nicht etwas von dir, nicht ein Hunderter mehr im Monat für Brot für die Welt, nicht ein Opfer des Verstandes gegenüber Dogmen, nicht ein zweiter Gottesdienstbesuch im Jahr außer Heiligabend. Nicht etwas von dir, du selbst mit allem, was du bist und hast, aber auch mit allem, was dir fehlt und wo du versagst, mit deiner Krankheit und deiner Einsamkeit und deiner Sorge, du sollst mir gehören. Willst du das? Billiger geht es nicht. Gott verschleudert sich nicht. Er ist der größte Schatz, wer ihn findet, der wird auch den größten Einsatz nicht scheuen, weil er erkennt oder doch erahnt, welcher Reichtum ihn erwartet. Freude bewegt ihn und nicht ein Zwang. Freude über den Schatz, den er fand. Freude ist immer das Gütesiegel, an dem wir merken, dass wir es mit Gott zu tun haben. Freude, nicht Druck, nicht Zwang. Das, was JESUS erzählt, ist zuerst die Geschichte von Menschen, die gefunden haben; dass sie dafür vieles andere aufgeben und opfern, das klappt nur so nach, das ist konsequent, es ist folgerichtig und nötig, aber es ist auch selbstverständlich.

3. Von der Freude

Am Ende hat der eine den Acker, und in dem Acker hat er den Schatz. Er hat sein Glück gemacht. Er hat es nicht erhofft und nicht erbeten. Als es kam, hat

er zugegriffen. Er hat nicht gezögert, seine Chance im Leben zu nutzen. Und der andere hat die Perle, auch er ist am Ziel.
Noch einmal: Wir könnten diese Geschichte ganz falsch verstehen. Wir könnten jetzt nur gehört haben: Tja, der musste alles verkaufen. Das war der Preis. Aber dann hätten wir nicht verstanden, warum diesem Mann das Herz klopfte. Wir hätten nur gehört, wie einer alles verkauft hat, was ihm vorher doch noch lieb und teuer gewesen ist. Und wir würden an die Dinge unseres Lebens denken und sagen: Nein, das möchte ich nie und nimmer aufgegeben. Wir hätten dann vergessen, was dieser Mann zuvor im staubigen Acker gefunden hat. Wir sähen alle Aktivität bei diesem Mann, bei seinen Verkäufen, bei dem hohen Einsatz, den er aufbringt. Dabei geht alle Aktivität von dem Schatz aus, den er findet. Im Gleichnis: Er findet ein Vermögen. Übersetzt: Gott lässt sich finden und beschenkt uns mit dem Himmelreich.
Und das Himmelreich, das ist nichts anderes als enge Gemeinschaft mit Gott selbst. Ich sage es ganz einfach an unserem Glaubensbekenntnis entlang: Was ist das für ein Schatz, den wir finden, wenn Gott sich finden lässt?

• Da ist Gott, der Vater. Wir haben nun einen Vater im Himmel. Es ist gewollt, dass es uns gibt. Wir sind gewollt, so wie wir sind. Da nörgelt einer nicht dauernd an uns herum. Er selbst, der Vater, hat uns lieb. Und unser ganzes Leben ist bei ihm geborgen. Er erhält uns am Leben. Er wacht über uns bei Tag und Nacht. Wir haben einen Vater im Himmel.
• Und da ist JESUS. Er ist Gottes Liebeserklärung an uns Menschen. Er hat uns Gottes Herz gezeigt. Er hat Kraft, die Kranken zu heilen. Er kann heilen oder doch lindern oder doch helfen, mit unseren Einschränkungen zu leben. Er hat Macht, Schuld zu vergeben. Wir bleiben nicht angekettet an die Dinge, die wir falsch gemacht haben. Und er hat den Tod besiegt. An seiner Hand gehen wir nicht auf ein dunkles Loch zu, in dem wir langsam vermodern, sondern auf das Himmelreich, in dem alles wieder gut und neu wird.
• Und da ist der Heilige Geist. Er bringt uns das Vertrauen und den Glauben ins Herz. Er tröstet uns von tief innen her, wenn es nicht mehr weitergeht. Er macht uns Mut zum Gebet und überbringt unsere Bitten sofort zum Thron Gottes. Er gibt uns Kraft und Mut für das, was uns in unserer Lebenszeit aufgetragen ist. Er begabt uns für die Aufgaben, die wir zum Besten unserer Mitmenschen und zur Ehre Gottes tun sollen.

Die Gemeinschaft mit diesem dreieinigen Gott, so sagt es JESUS, das ist der Schatz, den wir finden, wenn Gott sich von uns finden lässt. Vielleicht in diesem Gottesdienst, vielleicht im Gespräch mit Menschen, die ihn schon kennen.

Wer sucht, der soll finden. Die Kirche feiert Geheimnisse, hat jüngst einer gesagt. Christen sind Geschichtenerzähler, sie erzählen vom Suchen und Finden, sie sind Zeugen der Freude über das unverhoffte Finden, Kirche ist zuerst der Ort großer Freude, Freude von Menschen, die Gott fanden und nicht nur immerzu suchten, Freude von Gott, der Menschen fand, die er lange schon suchte. Weh einer Kirche, die statt der großen Freude nur Belanglosigkeiten bietet, und wo gähnende Langeweile regiert. Sie ist es, die sich selber abschafft. Sie ist auch gänzlich überflüssig. Das, was sie noch bieten kann, bieten andere auch und gewiss besser: ein bisschen Moral, ein paar Werte, etwas Tradition. Moral ist nötig, Werte braucht unsere Gesellschaft, Tradition kann Geborgenheit bieten. Es ist in Ordnung, wenn auch das auf dem Ladentisch liegt, aber die Perle ist das nicht. Nur ein einziges Geheimnis ist es, das verloren ginge, gäbe es nicht die Geschichtenerzähler, die JESU Geschichten weitererzählen: dass Gott nicht verborgen bleiben will, sondern sich finden lässt. Kirche ist da, wo die Geschichten des Glaubens weitererzählt werden. Kirche ist, wo die Freude ist und wo das Geheimnis des Glaubens gefeiert wird:

JESU meine Freude,
außer dir soll mir auf Erden
nichts sonst Liebers werden.
Weg mit allen Schätzen,
du bist mein Ergötzen, JESU, meine Lust.
JESU, meine Freude,
meines Herzens Weide, JESU meine Zier.
Amen.

5 Unannehmbar und doch angenommen

Ev. Kirchengemeinde Weitenhagen, 3. Advent (12. 12. 1999) –
Römer 15,4-9

4 Denn was zuvor geschrieben ist, das ist uns zur Lehre geschrieben, damit wir durch Geduld und den Trost der Schrift Hoffnung haben. 5 Der Gott aber der Geduld und des Trostes gebe euch, dass ihr einträchtig gesinnt seid untereinander, Christus Jesus gemäß, 6 damit ihr einmütig mit einem Munde Gott lobt, den Vater unseres Herrn Jesus Christus. 7 Darum nehmt einander an, wie Christus euch angenommen hat zu Gottes Lob. 8 Denn ich sage: Christus ist ein Diener der Juden geworden um der Wahrhaftigkeit Gottes willen, um die Verheißungen zu bestätigen, die den Vätern gegeben sind; 9 die Heiden aber sollen Gott loben um der Barmherzigkeit willen, wie geschrieben steht: „Darum will ich dich loben unter den Heiden und deinem Namen singen."

Liebe Gemeinde!
Zwei Freunde waren im Urlaub in den Rocky Mountains – wandern! Als sie sich ihren Weg durch die Wälder bahnten, stand urplötzlich in einiger Entfernung ein riesiger Grizzlybär vor ihnen. Und dieser Grizzly war sichtlich wütend. Er setzte sich in Bewegung, um die Wanderer anzugreifen. Blitzschnell setzte sich der eine der beiden Freunde auf den Boden, riss sich die Wanderschuhe von den Füßen, zog die Laufschuhe aus dem Rucksack, zog sie an und schnürte sie zu. Der andere stand daneben und schaute abwechselnd auf seinen Freund und auf den Bär, der sich ihnen näherte. Sag mal, meinst du wirklich, du kannst vor dem Bären wegrennen? Die Ranger haben doch gesagt: Wegrennen hat keinen Zweck, Grizzlys sind in jedem Fall schneller als wir. Das schaffst du nie! Klar, sagte daraufhin der andere. Ich muss auch gar nicht schneller sein als der Bär. Ich muss nur etwas schneller sein als du.
Herzliche Freundschaft, liebevolle Gemeinschaft. Darüber lässt sich immer gut reden, solange es nicht ernst wird. Darüber lassen sich auch prima Sonntagsreden halten: wie es in der Gemeinde zugehen sollte, in Liebe und Ehrerbietung und so weiter. Aber wenn es ernst wird, dann zeigt sich erst der wahre Charakter: Rette sich, wer kann! Hauptsache, *ich* komme klar. Spötter könnten sagen: Wenn es noch einen Beweis dafür braucht, dass die Menschheit einen Retter nötig hat, dann muss man nur mal für längere Zeit in eine christliche Gemeinde hineinschauen.

In den römischen Hauskreisen war es ernst geworden. Die Gemeinde in der Welthauptstadt Mitte des ersten Jahrhunderts bestand aus kleinen Hauskreisen. Jahrelang hatte es in diesen Hauskreisen nur Christen gegeben, die aus dem Heidentum kamen: bekehrte Heiden. Alle Juden waren vom Kaiser aus Rom vertrieben worden. Nach Jahren erst durften sie wieder römischen Boden betreten. Jahrelang hatten die Heiden hinter dem römischen Schutzwall alleine bestimmt, wie es in der Gemeinde zugehen sollte, jetzt aber waren die anderen wiedergekommen, die von draußen und drüben, die als Juden zum Glauben an JESUS gefunden hatten. Und schon gab es Zoff. Die aßen nicht alles und tranken nicht alles und machten sich um alles Mögliche ein Gewissen. Die fanden es wichtig, bestimmte Feiertage einzuhalten – und überhaupt, die waren so was von streng! Die hatten es nicht mit der freiheitlichen Art der anderen, der Christen, die früher einmal Heiden waren. Die Gemeinde drohte zu zerbrechen an diesem Konflikt. Jeder wollte nur noch seine Haut retten, sich durchsetzen, um jeden Preis. Vergessen waren die Predigten über Liebe und herzliche Gemeinschaft, verflogen die Stimmung der Gottesdienste, in denen Freude den Ton angab.

Da meldet sich PAULUS zu Wort. Er bietet sich an als apostolischer Krisenmanager. Er versteht beide Seiten, ist er doch selbst in strenger jüdischer Tradition groß geworden und jetzt ein Weltreisender in Sachen Bekehrung der Heiden. Er wundert sich keineswegs, dass es Streit in der Gemeinde gibt. Ihn überrascht auch nicht, dass es dabei hart zur Sache geht. Aber er ist leidenschaftlich daran interessiert, dass die Gemeinde nicht auseinanderbricht. Und darum führt er den Römern, Juden- wie Heidenchristen, vor Augen, was es eigentlich für die Gemeinde bedeutet, dass sie Advent feiert, dass sie die Ankunft JESU begeht.

Er fragt: Was bedeutet der Advent JESU für euren Streit? Wie müsste es unter euch aussehen, wenn ihr ernst nehmt, was passiert, wenn der CHRISTUS kommt? Sein Handbuch gemeindlicher Krisenbewältigung ist die Bibel: Das ist für uns geschrieben, die Bibel ist es, die uns wieder auf den richtigen Kurs bringt. Sie ist, so PAULUS, sowohl zu unserer Unterrichtung geschrieben – also das Lehrbuch der Gemeinde – als auch zu unserem Trost und unserer Ermahnung – also das Seelsorgebuch für die Gemeinde. Und PAULUS meint, dass wir beides brauchen, denn im Konflikt sind wir mit Kopf und Herz betroffen, im Kopf verwirrt und im Herzen verwundet. Darum brauchen wir einerseits Lehre und andererseits Trost und Ermahnung. Wir brauchen zu beidem die Bibel.

Nur so nebenbei: Ich frage mich schon länger, wieso wir nicht zur Predigt die Bibel mitbringen und mitverfolgen, was wir da hören, warum wir nicht mitle-

sen und nachschlagen, was uns gesagt wird. PAULUS jedenfalls liest mit den zerstrittenen Christen zu Rom die Bibel. So und nicht anders managt er ihren Streit.
Was heißt das aber konkret? Wie macht er das? Nun, er verrät den verzofften JESUS-Leuten von Rom zwei Gebetsanliegen und er übergibt ihnen eine Mahnung. Streit in der Gemeinde wird also gelöst durch Gebet und Ermahnung. Schauen wir uns die beiden Gebetsanliegen und die eine Ermahnung an; sie addieren sich zu drei Predigtgedanken:

1. Paulus bittet Gott um Eintracht

Nun liest man da schnell oberflächlich drüber hinweg. Das klingt wie ein einziger Brei: Eintracht, Einheit, Einstimmigkeit usw. Aber wenn wir genauer hinschauen, dann zeigt jeder Begriff etwas Eigenes, Besonderes, und erst dieses Eigene und Besondere macht die Dinge konkret. PAULUS bittet Gott um Eintracht. Wörtlich: „Der Gott aber der Geduld und des Trostes gebe euch, dass ihr einträchtig gesinnt seid untereinander, CHRISTUS JESUS gemäß."
Die Eintracht ist eine Frage der Gesinnung. Das heißt, es geht um ein gemeinsames, einiges Trachten.
In der Bundesliga gibt es die Frankfurter Eintracht. Dieser Club spielte schon oft mit um die Deutsche Meisterschaft. Aber er ist noch nie in der Bundesliga Meister geworden, nicht ein einziges Mal. Warum nicht? Weil die Leute, die in Frankfurt das Sagen haben, immer wieder ihrem Namen spotteten: In der Zeitung konnte man dann lesen, der Club müsste eigentlich Zwietracht Frankfurt heißen.
Menschen, die miteinander etwas erreichen wollen, müssen sich einig sein in dem, was sie anstreben, wonach sie trachten. Zwietracht zerstört, Eintracht bringt nach vorne.
PAULUS sagt: Ihr müsst nicht in allem einer Meinung sein. Es kann unter euch solche geben, die nach strengen Regeln leben und z.B. kein Fleisch essen, weil es vom heidnischen Markt stammt. Es kann unter euch andere geben, die anders denken und die alles mit Dank gegen Gott genießen. Aber in einem müsst ihr euch einig sein, ihr müsst ein Trachten haben, ein Ziel, das ihr als Gemeinde anstrebt. Darum bete ich, sagt der Apostel: Gott gebe euch Eintracht.
Wir wissen heute sehr gut, wie wichtig es ist, dass eine Gemeinde zu einem gemeinsamen Ziel findet. Wozu gibt es die Gemeinde in Rom, und wozu gibt es die Gemeinde in Weitenhagen? Warum soll es sie weiterhin geben? Was

will sie in den nächsten Jahren bewirken? PAULUS verrät uns auch, wie eine Gemeinde zu ihrem Ziel findet. Sie findet es nicht, indem die Stärkeren sagen: Hier geht's lang. Sie findet es, indem Eintracht untereinander gefunden wird. Eintracht wird nicht von oben verordnet, sondern miteinander gefunden. Und zwar, wie könnte es anders sein, im gemeinsamen Lesen der Bibel, im Studieren des Lehr- und Trostbuches, das uns sagt, wozu Gemeinde existiert. Gott gebe euch Eintracht, das ist das erste Gebetsanliegen.

2. Paulus bittet Gott um Einstimmigkeit

Einstimmigkeit ist noch etwas anderes als Eintracht. Einstimmigkeit meint nicht die Traumergebnisse, die ERICH HONECKER immer zu erreichen pflegte, wenn er mit 99,8 % wieder gewählt wurde. Einstimmigkeit meint das Lob Gottes: „Der Gott aber der Geduld und des Trostes gebe euch, dass ihr einmütig mit einem Munde Gott lobt, den Vater unseres Herrn JESUS CHRISTUS." Der Klang ist ganz ähnlich: Eure *unitas* ist nicht *uniformitas*, eure Einheit nicht Einheitlichkeit. In der Gemeinde soll nicht aus jedem bunten Ich ein graues, aber frommes Es werden, ein frommes, aber graues Es, das jedem anderen fromm-grauen Es so ähnelt wie ein Ei dem anderen.[4] So ist das nicht gemeint. Aber an einer Stelle finden sich diese bunten Ichs zusammen zu einem bunten Wir: wenn es um die Anbetung und das Lob Gottes geht. Da stehen alle miteinander vor ihrem Herrn und schauen nicht auf sich, sondern miteinander nach oben, und dieser gemeinsame Blick schafft Einstimmigkeit. So bunt wir sind, wir leben von der Liebe eines Herrn. Da heben sich die Unterschiede auf, denn da steht die Konfirmandin neben dem Rentner, der von hier neben dem von drüben, der Akademiker neben dem Arbeiter. Fasziniert sind sie dann nicht von sich selbst, sondern von JESUS. Gott gebe euch Einstimmigkeit, das ist das zweite Gebetsanliegen.

3. „Nehmt einander an!"

Jetzt wird es ernst. Jetzt redet PAULUS direkt und im Imperativ, so dass wir nicht neutral, sondern nur mit „ja" oder „nein", mit Gehorsam oder Verweigerung reagieren können. „Nehmt einander an, wie CHRISTUS euch angenommen hat zu Gottes Lob." Es ist wiederum ganz wichtig, gut hinzuhören: PAULUS fordert uns nicht auf, ein bisschen weitherziger zu sein und nicht so schmallip-

[4] Nach einem Wortspiel von Eberhard Jüngel bei der EKD-Synode 1999 in Leipzig.

pig und engstirnig. Er stellt uns in einen Zusammenhang. Zuerst der Blick auf CHRISTUS. Der sagt uns zu: Ich habe euch angenommen. Dann der Blick auf unsere Gemeinde: So sollt ihr einander auch annehmen. So und nicht anders gehört das zusammen.

Was aber bedeutet es, dass CHRISTUS uns angenommen hat? Ist euch das klar, was das heißt, dass er mich und dich angenommen hat? Das ist das Adventliche an diesem Thema: Er ist gekommen, um mich und dich anzunehmen.

Schauen wir genauer hin: In der Bibel wird vom Annehmen geredet, wenn es um das letzte Urteil über unser Leben geht. Zwei werden auf dem Feld sein, der eine wird angenommen, der andere verworfen (nach Lk 17,34-36). Zwei werden in einem Bett liegen, der eine wird angenommen, der andere verworfen. Es geht also um Leben oder Tod, wenn es darum geht, ob wir angenommen werden oder nicht. Zu JESUS zu gehören, heißt dann: Du, darüber habe ich entschieden. Ich habe dich angenommen.

Schauen wir weiter hin: Es ist nichts Leichtes gewesen, uns anzunehmen. Es ist wahrlich nichts Leichtes gewesen, Gott konnte nicht einfach ein Dekret erlassen: Ich nehme alle an! Es kostete ihn den Advent. Es kostete ihn den Abstieg. Advent heißt ja nichts anderes: Gott steigt ab aus dem Himmel in das irdische Getümmel. Er wird ein Diener. Denn annehmen bedeutet aus Gottes Perspektive: Gemeinschaft aufnehmen. JESUS sagt: Du, ich habe dich angenommen und will mit dir zusammen sein.

Schauen wir noch weiter hin: Annehmen ist nichts Oberflächliches. Das ist ja die kirchliche Mainstream-Verkündigung, die *so* langweilig ist: Gott nimmt dich an, wie du bist. Ich bin o.k. und du bist o.k. – und Gott findet dich auch o.k. Alles paletti? Aber das ist *so* langweilig und *so* falsch. Weißt du, was in Wahrheit Sache ist? Wir spüren das manchmal ganz gut, dass wir nicht o.k. sind – oder nicht? Und das ist das Spannende: JESUS sieht bis in die Tiefe unserer schwarzen Gedanken, unserer unreinen Bestrebungen, unserer Unterlassungssünden und unserer heimlichen Taten. Er sieht da hinein, weil wir vor ihm wie ein offenes Buch daliegen. Und dann sagt er: Nein, du bist wirklich nicht o.k., aber ich nehme dich doch an. Ich habe dich doch lieb. Du gehörst doch zu mir, jetzt und für immer und ewig. Willst du das?

Noch einmal, damit wir uns nicht falsch verstehen: JESUS sagt ja zu uns und nicht zu unseren Taten! Denkt an den ZACHÄUS – JESUS sagt ja zu ZACHÄUS als Menschen, aber nicht zum Lebenswandel dieses Gauners. Er sagt ja zu uns und nicht zu unseren Werken. Er trennt uns von unseren bösen Werken. Dass er uns annimmt, heißt nicht: Also, wie du da wieder die Leute über den Tisch gezogen hast, Respekt, Respekt. Oder wie du dich selbst da wieder durchgesetzt hast ohne Rücksicht auf Verluste, da kann ich mir noch eine Scheibe abschneiden. Oder wie du da wieder deinen Egotrip gefahren bist, echt cool. Nein, das tut JESUS nicht. Er hasst, was andere und uns kaputt macht.

Der dritte Advent ist ja eigentlich dem Täufer JOHANNES gewidmet, der Gottes Nein zur Sünde lautstark gepredigt hat. Darum gibt es auch keine Schokoladenfigur „JOHANNES, den Täufer". Es gibt jetzt zwar Nikola und Nikolas, die Baywatch-Varianten des dicken, alten Nikolaus, aber JOHANNES, das wortgewaltige Nein zu unserer Sünde, den wird es wohl nie in Schokolade gegossen geben.

JESUS tut mehr als JOHANNES: Er nimmt uns an, d.h. er sagt ja zu uns und nein zu unseren Taten; er löst diese Taten von uns, das nennen wir auf Kirchenhochdeutsch „Vergebung".

So, das bedeutet es, dass JESUS dich und mich annimmt: Es ist ein letztes Urteil über mein Leben. Es kostet ihn den weiten Weg des Advent, aus dem Himmel in den Stall. Und es bedeutet, dass wir angenommen werden, obwohl wir unannehmbare Leute sind, absolut unannehmbar – und doch angenommen. Welche Gnade, welche Überraschung!

Das ist der Grund und das Maß, das Maß und der Grund für das Verhalten in der Gemeinde: Nehmt einander an, wie CHRISTUS euch angenommen hat zu Gottes Lob.

Will ich das für mich wahrnehmen, dann kann ich es nicht für mich und gegen den anderen wahrnehmen. Ich kann nicht sagen: JESUS ist für mich und gegen den anderen gekommen. „Er ist für mich gestorben, obwohl ich so unmöglich bin – aber gegen meinen Widersacher, denn der ist ja so was von unannehmbar ..." Ist er für mich gekommen, dann auch für den anderen. Will ich das dem anderen nehmen, nehme ich es mir auch selbst. PAULUS macht das am Beispiel der Juden und der Heiden deutlich.

Wie kann es Advent werden in Rom und Weitenhagen? Wie kann das geschehen?

PAULUS bittet Gott um Eintracht und Einstimmigkeit, aber er ermahnt zur Annahme. Ohne Annahme hört die Gemeinde auf, Gemeinde des Kindes in der Krippe zu sein. Einander annehmen aber meint ein paar schlichte Schritte: Zuallererst höre ich für mich und nicht für den anderen: Ich kann mich jetzt nicht bequem zurücklehnen, in Gedanken bei dem, mit dem ich im Streit liege, und ihm innerlich zurufen: Siehste! Nun mach mal! Nun nimm mich mal schön an! Wir wissen aus der Ehetherapie, dass viele Konflikte kreisrund sind: Jeder hat Recht! Spreche ich mit der Frau, dann höre ich: Mein Mann fängt immer an zu streiten und darum muss ich mich einfach zurückziehen. Recht hat sie, oder nicht? Spreche ich mit dem Mann, dann höre ich: Immer wenn ich mit ihr mal über unsere Probleme reden will, zieht sie sich zurück, und das macht mich total wütend! Recht hat er, oder nicht? Teufelskreise nennt man das! Jeder hat aus seiner Sicht Recht. Wer ist Opfer, wer ist Täter? Soll er doch aufhören, so mit mir zu reden, dann ziehe ich mich nicht mehr zurück! Soll sie doch aufhören, sich zurückzuziehen, dann kann ich viel ruhiger mit ihr reden! Soll er mich doch nehmen, wie ich bin. Soll sie mich doch annehmen! So wird es nie etwas! Ich muss ganz und gar aufhören zu fordern, dass der andere anders wird, und an der einen Stelle ansetzen, an der ich Einfluss habe: bei mir selbst. Punkt.

Und dann soll ich es halten wie der Herr JESUS, nämlich unterscheiden zwischen der Person und dem Werk! Einander annehmen, heißt nicht: gutheißen, was der andere tut. Es heißt nicht: im sachlichen Streit klein beigeben. Es heißt nicht: zulassen, dass jemand Schaden anrichtet in der Gemeinde. Das alles heißt es nicht; aber ich sage ja zu dem anderen als Person, als dem, der von JESUS angenommen ist wie ich. Und ich lasse ihn das auch spüren. Auch wenn wir jetzt ringen um Eintracht und Einstimmigkeit, in CHRISTUS sind wir beide angenommen und darum nehmen wir auch einander an und wünschen nicht den anderen zum Teufel. Ich muss nicht dem anderen um den Hals fallen und ihn mit in den Urlaub nehmen, aber ich soll die Gemeinschaft mit ihm nicht aufkündigen; ich soll ihn bejahen, vielleicht auch ertragen, in jedem Fall respektieren. Heiß wird das erst, wenn wir einander auf die Zehen steigen! Den annehmen, der nett zu mir ist – gut, das können auch die Heiden!

Und schließlich: Das alles bleibt nicht fromme Theorie, sondern muss sich äußern im Miteinander. In Rom, so rät es PAULUS den Freiheitlichen, sollen die Starken verzichten um der Schwachen willen. Die Gemeinde ist wichtiger als mein Genuss. Das Miteinander ist entscheidender als mein Recht. Auch das kann es geben: die Demut, die so stark ist zu verzichten um des anderen willen. Aber Vorsicht! Auch das kann ich nicht mit verschränkten Armen im Sessel sitzend hören und dem anderen fröhlich zuwinken: Da, da haste's, nun sieh du zu! Das muss mich im Gewissen treffen und verändern. So ist es Gottes Wille!

Gottes Lehr- und Trostbuch ergriff PAULUS in der Krise der Gemeinde. Er bittet Gott, dass wir im Miteinander einträchtig werden und einstimmig Gott loben können. Und er ermahnt dazu, dem anderen zu gönnen, wovon wir selbst so leben wie einst ZACHÄUS: dass wir Unannehmbare angenommen werden.

Den Wanderern in den Rockies hätte das vielleicht wenig geholfen, denn Grizzlys lesen selten den Römerbrief. Lebenspraktisch sollen Predigten ja sein, darum dies zum Schluss: Man muss sich auf den Boden legen und tot stellen; hat man Glück, so lässt der Bär von seinem Opfer ab. Gut, dass wir keine Grizzlys in unserem Wald haben! Amen.

6 Entdecke die Möglichkeiten!

Ev. Matthäus-Kirchengemeinde Münster, 29.1.2000 – Epheser 1,15-21

15 Darum auch ich, nachdem ich gehört habe von dem Glauben bei euch an den Herrn Jesus und von eurer Liebe zu allen Heiligen, 16 höre ich nicht auf, zu danken für euch, und gedenke euer in meinem Gebet, 17 dass der Gott unseres Herrn Jesus Christus, der Vater der Herrlichkeit, euch gebe den Geist der Weisheit und der Offenbarung, ihn zu erkennen. 18 Und er gebe euch erleuchtete Augen des Herzens, damit ihr erkennt, zu welcher Hoffnung ihr von ihm berufen seid, wie reich die Herrlichkeit seines Erbes für die Heiligen ist 19 und wie überschwänglich groß seine Kraft an uns, die wir glauben, weil die Macht seiner Stärke bei uns wirksam wurde, 20 mit der er in Christus gewirkt hat. Durch sie hat er ihn von den Toten auferweckt und eingesetzt zu seiner Rechten im Himmel 21 über alle Reiche, Gewalt, Macht, Herrschaft und alles, was sonst einen Namen hat, nicht allein in dieser Welt, sondern auch in der zukünftigen.

Liebe Gemeinde!
Kann euch das auch so wütend machen? Da kommt eine gertenschlanke, adrett gekleidete Blondine und säuselt über den Bildschirm: Ich will so bleiben, wie ich bin. Kein Fettpölsterchen, keine Zellulitis, nur jugendliche Schlankheit, telegen aufbereitet. Und dieses Wesen, dem auch ein Kilo Butter nichts anhaben könnte, macht Werbung für Diätmargarine, und das heißt: für die, die nie so aussehen werden. Bleiben, wie ich bin? Auf keinen Fall! Die Werbung sagt: Du darfst nicht bleiben, wie du bist. Du musst anders werden. Die Erfahrung sagt: Du musst so bleiben, wie du bist. Nach drei Kürbisknoblauchdiäten mit Magerjoghurt-Zusatz ist das wohl die bittere Wahrheit. Dazwischen schlägt das schlechte Gewissen, das uns zur Diätmargarine greifen lässt.
Muss ich so bleiben, wie ich bin? Das ist die Frage, um die es heute geht. Allerdings werde ich mich hüten, von der Kanzel eine Diätberatung anzubieten. Aber die Frage ist ja auch umfassender: Muss ich so bleiben, wie ich bin? Ich soll euch heute Grüße vom Apostel PAULUS bestellen, und der meint: Es kann manches anders werden. Er denkt dabei an drei Dinge:

1. eine geistliche Blindenheilung,
2. eine österliche Blickrichtung,
3. eine neue Lebensanschauung.

Wir merken schon: es geht um unsere Augen. Allerdings hat Fielmann diese Predigt so wenig gesponsert wie Lätta oder „du darfst“.

1. Eine geistliche Blindenheilung

Auch er wollte nicht so bleiben, wie er war: der blinde Mann bei Betsaida (Mk 8,22-26), von dem MARKUS erzählt. Und es heißt, JESUS habe sich seiner angenommen. Er habe ihn regelrecht behandelt, ihn angerührt und ihm das Augenlicht geschenkt. Eine reale Heilung: der Blinde konnte sehen. Endlich die Blumen sehen, die am Wegesrand blühten: leuchtend rot, tiefdunkel blau und strahlend gelb. Die Augen seiner kleinen Tochter sehen, das Brot auf dem Tisch. Den Sonnenaufgang über dem Waldrand. Den Mond am Abendhimmel. Endlich sehen. Könnt ihr euch denken, was das bedeutet: ein Blinder lernt sehen. Alles, was er sieht, war immer schon da, ganz real, in aller Schönheit, aber er, er allein konnte es nicht wahrnehmen. Und jetzt – jetzt sieht er es, und sein Leben wird anders, da bleibt nichts, wie es war. Alles erscheint nun in einem anderen Licht, was sage ich, erstmals im Licht!

Nun ist der MARKUS allerdings ein Schlingel. Der erzählt diese Geschichte von der Blindenheilung nicht so nebenbei. Er erzählt sie vielmehr genau an der Stelle, an der er zuvor von der Begriffsstutzigkeit der Jünger JESU berichten musste. Ich erspare euch die Einzelheiten; die hatten wieder einmal nichts verstanden. Seid ihr denn blind?, könnte man rufen. Seht's und versteht's nicht! Laufen mit JESUS durch die Gegend und begreifen nicht, was da vor ihren Augen abläuft. MARKUS erzählt das, als wollte er sagen: Euch müssten mal die Augen aufgehen! Eine Blindenheilung wäre nötig!

Genau diesen Gedanken greift PAULUS auf, wenn er sagt: Ich bete für euch. Immer wieder. Worum betet PAULUS? Ich bete für euch, dass Gott euch erleuchtete Augen des Herzens schenkt. Also, unser Herz hat Augen. Unsere innere Kommandozentrale hat Augen. Und: Man sieht auch mit dem Herzen nicht immer gut. Unsere Herzensaugen können ganz dunkel sein. Wir brauchen dann eine geistliche Blindenheilung, wir brauchen erleuchtete Augen des Herzens.

MARKUS dachte dabei an Jünger, und PAULUS spricht zu seiner Gemeinde, von der er sagen kann: Ich habe von eurem Glauben an JESUS und von eurer Liebe zu allen Mitchristen gehört. Es geht also nicht um die da draußen. Es geht um uns hier drinnen. Unsere Herzen brauchen Blindenheilung, unser innerer Blick muss erleuchtet werden.

Kennt ihr das: Wir wissen so viel von JESUS, haben Dutzende guter Predigten gehört. Und es ist uns ernst mit dem Glauben. Aber im Ernstfall ist uns JESUS nicht real vor Augen. Es bleibt bei einem Ja zu Richtigkeiten. Wir rechnen nicht mit seiner Kraft und seiner Realität in unserem Alltag. Wir hören und bejahen es: „Mir ist gegeben alle Gewalt im Himmel und auf Erden.“ Aber dann sind uns die Realitäten um uns herum realer als JESUS. Wir fürchten sie mehr, als dass wir ihm vertrauen! Wir vertrauen ihnen mehr, als dass wir ihn fürchten! Kennt ihr das? Ich kenne das! Dann wird uns – nicht im theologisch korrekten Kopf, aber in unserem trotzigen und verzagten Herzen – alles andere realer und wirklicher als JESUS. Und das heißt: Wir verlassen uns lieber auf das, was wir sehen. Und wir fürchten, dass Gott die kleinen Dinge unseres Lebens und die großen in der Welt doch ein bisschen entglitten sind. Der Bibelausleger ADOLF SCHLATTER schrieb: „Leicht verbirgt sich uns die Macht Gottes, so dass er uns als schwach und abwesend erscheint, und wir klagen, wir spürten nichts von seiner Macht.“[5]

Das ist die geistliche Blindheit, von der wir immer wieder geheilt werden müssen. Darum betet PAULUS um erleuchtete Augen des Herzens. Es muss nicht so bleiben, wie es ist. Es kann anders werden. Das ist das Erste: geistliche Blindenheilung. PAULUS lädt ein mitzubeten, ganz persönlich für mich und dann für uns in der Gemeinde: „JESU, gib gesunde Augen, die was taugen, rühre meine Augen an. Denn das ist die größte Plage, wenn bei Tage man das Licht nicht sehen kann“ (EKG 266,7).

2. Eine österliche Blickrichtung

Wenn bei Tage man das Licht nicht sehen kann! Ja, ist denn schon Tag? Ja, sagt PAULUS, es ist schon Tag! Der Morgen bricht an, die Nacht ist im Schwinden. Lasst euch nicht täuschen. Eure verdunkelten Augen sehen nur das Dunkle: bei euch selbst – in der nächsten Umgebung – in der Gemeinde – in der politischen Wirklichkeit. Aber es ist doch Epiphaniaszeit, der Morgenstern leuchtet! Der vierte Sonntag nach Epiphanias hat diesen Schwerpunkt: Schaut doch hin, lasst euch die Augen öffnen für die Macht und Stärke Gottes. „Sogar Wind und Wellen sind JESUS untertan.“ „Fühlst du den Stärkeren, Satan, du Böser?“ „Er verschlinget Fluch, Jammer und Tod!“ Und PAULUS konzentriert diesen Gedanken, lenkt unseren Blick auf das zentrale Geschehen und malt uns den auferstandenen JESUS vor Augen. Das ist der Nachweis der Kraft Gottes: Er hat JESUS von den Toten auferweckt.

[5] ADOLF SCHLATTER: Die Briefe an die Galater, Epheser, Kolosser und Philemon (Erläuterungen zum Neuen Testament, Bd. 7), Stuttgart 1963, 171.

Der Gekreuzigte war ins Grab gelegt. Und das heißt, er war mausetot. Herz und Kreislauf waren endgültig zum Stillstand gekommen, das Gehirn vollständig und endgültig abgestorben. Der Zersetzungsprozess hatte begonnen, der aus lebendigen Menschen Staub und Erde werden lässt. Da geht nichts mehr, sagt unsere Erfahrung. „Wissen Sie“, so hat es mir einmal ein Friedhofsgärtner hier auf dem Zentralfriedhof gesagt, „das kann mir keiner erzählen, wenn ich nach Jahren die Knochen in einem Grab aufräume und zusammenlege, dass die noch mal einer zusammensetzt und lebendig macht. Das kann mir keiner erzählen.“ Aber genau das hat Gott gemacht. Da ist nicht ein Halbtoter noch einmal reanimiert worden, da ist Schöpfung passiert. So groß, staunt PAULUS, ist die Macht Gottes. Das habt vor Augen: Er hatte Macht, JESUS zum Leben zu erwecken und ihn dann zu sich zu erhöhen, in die Regierungszentrale, an die Seite Gottes.
Und dann fügt PAULUS etwas hinzu: Dieselbe Macht war nötig, um euch zum Glauben zu erwecken. Dieselbe Macht war nötig – braucht ihr einen Hinweis für Gottes österliche Macht, dann schaut auf euch selbst. Euer Glaube ist nicht die großzügige Entscheidung freier Menschen, die dem lieben Gott die Ehre geben. Dass ihr glauben könnt, verdankt ihr der *dynamis*, der Dynamik Gottes, seiner Stärke. Dass ihr glauben könnt, ist auch eine Auferweckung aus dem Tode. – Später wird er den Ephesern sagen, wie er das meint: Ihr wart tot in der Sünde, bevor ihr zu JESUS gefunden habt (Eph 2,5). Ihr wart tot, wie der verlorene Sohn, von dem der Vater sagt: Tot war er und ist wieder lebendig (Lk 15,24).
Das sind Gottes Machterweise. Seinen JESUS erweckte er aus dem Grab. Euch erweckte er aus dem Tod der Sünde und machte euch zu Glaubenden. Wunder über Wunder!
Schaut doch hin: „Es wird regiert“, so hat es der große Theologe KARL BARTH am Vorabend seines Todes einem Freund gesagt, als beide in düsteren Gedanken gefangen waren über den Lauf der Dinge, in der Welt und in der Kirche. Doch, sagte KARL BARTH, „es wird regiert.“ Der JESUS auferweckte und uns zum Glauben half, der „sitzt im Regimente“ – das ist die österliche Blickrichtung! Das ist die Augenschule für Christen: immer wieder hinschauen auf den Auferstandenen.

3. Eine neue Lebensanschauung

Darauf kommt es nun an: Du musst nicht so bleiben, wie du bist. Hat Gott die Augen deines Herzens erleuchtet, hast du wieder hinsehen gelernt auf die Macht Gottes, dann sollst du jetzt noch hören: Du darfst Zuversicht haben für

dein Leben. Es muss nicht so bleiben, wie es ist. Es kann noch vieles ganz anders, neu und gut, heil und gesund werden.
In dieser Woche haben unsere walisischen Freunde Carolyn und David Philpott nach 20 Jahren ihre Arbeit in Living Waters beendet. Sie werden sich in Zukunft ihrer zweiten Liebe, einer missionarischen und diakonischen Arbeit in Tansania widmen. Mancher von uns war auf einer Freizeit in Wales und hat diesen besonderen Ort kennen gelernt. Als Carolyn und David vor 20 Jahren nach Wales kamen, sahen sie ein verfallenes, dreckiges Herrenhaus. Sie pflegten später zu erzählen: *Rats, bats and cats* waren seit Jahren die einzigen Bewohner – zu Deutsch: Ratten, Fledermäuse und Katzen bildeten eine WG. Aber sie sahen schon etwas anderes: ein Haus, in dem junge Menschen Jesus kennen lernen sollten, sich dabei wohlfühlen konnten und liebevoll umsorgt. Und sie ließen sich auf dieses Abenteuer ein: Es kann alles noch ganz anders werden, weil Gottes Kraft so groß ist und weil diese Stärke bei uns ist.
Das ist die Zuversicht, die Gott uns schenken will: Richte dich nicht ein in dem, was ist! Vieles kann noch anders werden. Habe ich nicht Jesus von den Toten auferweckt? Habe ich nicht dich harten Hund dazu gebracht, mir dein Vertrauen zu schenken? Habe ich nicht schon oft bewiesen, wie ich Lebensgeschichten umzuschreiben vermag?
Nun muss ich gegen Ende etwas vorsichtig sein. Von der Kanzel ist es leicht, das Blaue vom Himmel zu versprechen. Und ihr müsst in der neuen Woche damit leben können. Ich bin dann wieder weg, nicht haftbar zu machen! Das wäre nicht besser als Margarine-Reklame.
Es wird nicht alles anders, besser und schöner. Schon gar nicht im Handumdrehen. Wer das verspricht, verspricht etwas, was erst im Himmel wahr werden kann. Darum sagt Paulus auch: Eure erleuchteten Augen sehen zuerst das Erbe, das euch erwartet, das, worauf ihr hoffen dürft. Hoffen dürft ihr, dass Gott alles heil machen wird, alles ohne Ausnahme – im Himmel. Mit vielem werden wir bis dahin leben müssen. Das Wissen, dass Gott im Regimente sitzt mit österlicher Kraft, führt uns auch nicht über den Glauben hinaus, sondern in den Glauben hinein. Das heißt, über dem, was ist, was schwer ist und schmerzhaft, bitter und kaum zu ertragen, sollen wir nicht das Vertrauen verlieren – er hat's in Händen. Er führt alle Dinge zum guten Ziel. Er lässt mich nicht im Stich.
Das ist in mancher Hinsicht eine neue Lebensanschauung. Die Worte des Apostels sagen in dieser Hinsicht: Denke daran! Mit österlicher Kraft regiert nicht das Chaos, sondern der Auferstandene. Und du bist und bleibst in seiner Hand.

Aber dann gibt es Dinge, die können und sollen anders werden. Und die entfaltet PAULUS in seinem Schreiben an die Epheser. Stark ist der Herr, und stark sollen sie werden, darum betet er, stark im Glauben und in der Liebe.
PAULUS ruft die Christen zum Licht. Auch das kennen wir ja: Mit der Zeit lassen der Eifer und der Ernst nach. Sünde wird nicht mehr so ernst genommen. Das Überprüfen des eigenen Lebens wird lockerer. War das nicht einmal anders? Da traf uns das Gebot noch im Herzen, und es war uns wichtig, das Böse zu bekennen und nach Kräften zu lassen. Mit der Zeit wurden wir großzügiger – ist es nicht so, ihr Lieben? Großzügiger mit uns und mit unseren unseligen Koalitionen mit dieser oder jener Sünde. Jetzt müssten wir den Epheserbrief lesen. Es kann doch wieder anders werden, sagt PAULUS, du musst nicht so bleiben, wie du bist. Gottes österliche Kraft kann und will dich ändern. Hast du dich eingerichtet in manchem Bösen? In Neid oder Habgier? In sexueller Unordnung? Wie viel Not macht das bei christlichen Ehemännern, die hier ein geheimes zweites Leben führen, mit Pornographie und wüsten Phantasiewelten! Oder in Bitterkeit dem Partner gegenüber, oder dem eigenen Kind gegenüber? Warum, so erzählte es eine Mutter in dieser Woche von ihrem Kind, müssen sich eigentlich immer die Kinder entschuldigen, aber nie die Eltern? Gott hat genug Kraft, dass es anders werden kann.
Wir brauchen eine geistliche Blindenheilung, eine österliche Blickrichtung, eine neue Lebensanschauung. Das ist es, worum PAULUS betet, das ist es, was Gott uns schenken möge. Es war ein schönes Fußballspiel, schade, dass Sie es nicht gesehen haben, so sagte es einst ein Spieler zum Schiedsrichter. Das bekam ihm nicht so gut. Aber für uns wäre es doch schade, wenn wir nicht sehen würden, was sich vor uns abspielt: wie Gott mit österlicher Kraft Leben erneuert – es kann so vieles noch anders werden. Amen.

7 Kompetenz im Herzen

Ökumenischer Gottesdienst aus Anlass der Investitur des neuen Rektors Prof. Dr. H.-R. Metelmann, Dom St. Nikolai Greifswald, 30. 6. 2000 – 1. Könige 3,5-15

5 Und der HERR erschien Salomo zu Gibeon im Traum des Nachts, und Gott sprach: Bitte, was ich dir geben soll! 6 Salomo sprach: Du hast an meinem Vater David, deinem Knecht, große Barmherzigkeit getan, wie er denn vor dir gewandelt ist in Wahrheit und Gerechtigkeit und mit aufrichtigem Herzen vor dir, und hast ihm auch die große Barmherzigkeit erwiesen und ihm einen Sohn gegeben, der auf seinem Thron sitzen sollte, wie es denn jetzt ist. 7 Nun, HERR, mein Gott, du hast deinen Knecht zum König gemacht an meines Vaters David Statt. Ich aber bin noch jung, weiß weder aus noch ein. 8 Und dein Knecht steht mitten in deinem Volk, das du erwählt hast, einem Volk, so groß, dass es wegen seiner Menge niemand zählen noch berechnen kann. 9 So wollest du deinem Knecht ein gehorsames Herz geben, damit er dein Volk richten könne und verstehen, was gut und böse ist. Denn wer vermag dies dein mächtiges Volk zu richten? 10 Das gefiel dem Herrn gut, dass Salomo darum bat. 11 Und Gott sprach zu ihm: Weil du darum bittest und bittest weder um langes Leben noch um Reichtum noch um deiner Feinde Tod, sondern um Verstand, zu hören und recht zu richten, 12 siehe, so tue ich nach deinen Worten. Siehe, ich gebe dir ein weises und verständiges Herz, so dass deinesgleichen vor dir nicht gewesen ist und nach dir nicht aufkommen wird. 13 Und dazu gebe ich dir, worum du nicht gebeten hast, nämlich Reichtum und Ehre, so dass deinesgleichen keiner unter den Königen ist zu deinen Zeiten. 14 Und wenn du in meinen Wegen wandeln wirst, dass du hältst meine Satzungen und Gebote, wie dein Vater David gewandelt ist, so werde ich dir ein langes Leben geben. 15 Und als Salomo erwachte, siehe, da war es ein Traum. Und er kam nach Jerusalem und trat vor die Lade des Bundes des Herrn und opferte Brandopfer und Dankopfer und machte ein großes Festmahl für alle seine Großen.

Liebe Gemeinde,
aus den Tagen, als das Wünschen noch helfen konnte, stammt die Geschichte vom Fischer und seiner Frau. „Manntje, Manntje, Timpe Te, Buttje, Buttje in der See, myne Fru, de Ilsebill, will nich so, as ik wol will.“ Nun ist dies vordergründig ein Fall für die Eheberatung, hintergründig aber eine Geschichte

über die Maßlosigkeit. Erst will sie mit Hilfe des zauberhaften Butts heraus aus ihrer unsanierten Altbauwohnung, dann muss es ein Schloss sein, König will sie werden, dann Kaiser und auch noch Papst. Als sie schließlich wie Gott selbst sein will, landet sie samt Fischer wieder in ihrer Hütte, nun wohl erst recht ein Fall für die Eheberatung. Merke: Maßloses Wünschen hilft nicht, sondern zerstört auch noch das, was möglich gewesen wäre.

Eine ganz andere Geschichte vom Wünschen haben wir aus dem Alten Testament gehört. Da tritt einer die Nachfolge eines anderen an, in einem hohen Amt. Der Neue sieht dankbar auf das, was dem Alten gelang. Aber er sieht auch besorgt auf das, was von ihm nun erwartet, ja verlangt wird: Reformen und Bauten, Entscheidungen und, wenn es sein muss, auch Konkurrenz mit anderen Völkern. Er wisse nicht mehr ein noch aus, sagt er; und das darf erwähnt werden, ohne dass es ehrenrührig wäre. In der Nacht, in einem Traum, begegnet ihm Gott selbst. Und Gott gibt ihm einen Wunsch frei. Bitte, so sagt Gott dem König SALOMO, bitte, was ich dir geben soll.

Ratgeber hätten schnell Ideen gehabt: Bitte um genug Geld, dann kannst du auf Jahre sorglos wirtschaften mit vollem Säckel! Bitte um Schaffenskraft und Gesundheit, du wirst beides brauchen im schweren Amt! Bitte um Durchsetzungskraft gegen alle, die deinem Reich Schaden zufügen wollen.

Aber es geschieht ja in der Stille der Nacht, in der Verborgenheit eines Traums. Gott geht auf SALOMO zu. Bitte, sagt er, das ist eine Aufforderung, ja selbst eine Bitte. SALOMO, bitte mich. Du sollst mich jetzt erhören und bitten, und wenn du bittest, werde ich hören. Es ist ein wechselseitiges Bitten und Hören, ein Kontaktaufnehmen und In-Beziehung-Treten. Gott sucht Kontakt. Da ist kein unbewegtes höchstes Wesen, sondern ein Gott-in-Beziehung. Und da soll kein einsamer, stummer Mensch sein, sondern ein Mensch, ausgerichtet auf Gott. Wie? Indem er Gott ehrt und bittet. Das Wesentliche im hohen Amt wird nicht gemacht und nicht erzwungen wie beim Fischer un sin Frau, es wird erbeten und empfangen. Im Neuen Testament wird die nächtliche Aufforderung Gottes gleichsam demokratisiert: Zu allen Kindern Gottes sagt JESUS: Bittet, so wird euch gegeben!

Was aber erbittet sich der frisch ins Amt Gekommene? Etwas Merkwürdiges, auf das man nicht gleich kommt am Tag der guten Wünsche und freundlichen Grußworte. SALOMOs Bitte ist schlicht: ein Herz, das aus dem Hören lebt.

Was aber ist das nun wieder? SALOMO, du willst nicht Geld und Gold und ein sorgenfreies Leben, du bittest für dein Herz? Ja, sagt SALOMO, man sieht nur mit *dem* Herzen gut, das recht ausgerichtet ist. Das Herz ist es, mit dem wir wahrnehmen, das Herz ist es, das bewegt wird von Gedanken und Gefühlen, dort fallen die Entscheidungen, dort werden Pläne gedichtet. Und SALOMO weiß, dass das Herz ein gefährlicher Ort ist: Schnell verlieren wir den Überblick, werden maßlos im Ehrgeiz, maßlos im Begehren, maßlos in Zorn und Eifer. Mal trotzig, mal verzagt, so ist das mit dem Herzen von Jugend auf. Soll er nach außen führen und leiten, dann muss es innen stimmen. Darum bittet SALOMO für sein Herz.

Das Herz, so erfahren wir weiter, speist sich aus dem Hören und übt sich im Unterscheiden. Es speist sich aus dem Hören auf die Thora Gottes, auf seine guten Weisungen und hoffnungsvollen Verheißungen. Und es übt sich im Unterscheiden. Das Herz ist das Organ der Unterscheidung zwischen gut und böse, zwischen zerstörerisch und lebensförderlich. Ein hörendes Herz ist ein funktionierendes Frühwarnsystem, ein scharfer und kritischer Verstand, verknüpft mit dem Mut, rechtzeitig nein zu sagen, wenn es nötig ist, aber auch ja zu sagen, wenn mutig voranzugehen ist.

Gott ist vergnügt, als er diese Bitte hört. Ein vergnügter Gott erfüllt gerne, vergnügt nun seinerseits den betenden König: ein weises Herz verspricht er ihm. Spätestens da ist klar, dass hier nicht Frömmigkeit an die Stelle von Kompetenz tritt. Ein betender Rektor, mit einem hörenden Herzen? Das stünde nicht in Konkurrenz zu einem kompetenten Leiter der *universitas litterarum*. Es wäre vielmehr eine besondere Weise, kompetent zu leiten. Zu dem großen Fundus an wissenschaftlichem Verfügungswissen träte dann eine gute Portion Orientierungswissen, aber auch – im Wissen um den, der über uns wacht – in schweren Zeiten ein gewisses Maß an Gelassenheit und, ja tatsächlich, Humor!

Und wenn wir schon dabei sind, wozu bräuchte man denn nun konkret ein hörendes Herz in der *Scientific community*? Was, so fragen wir nüchtern, ist der Nutzen solcher Frömmigkeit? Sie wäre ja dann vielleicht nicht nur dem Rektor zu wünschen, sondern auch zu demokratisieren, der Rektor wäre in Sachen hörendes Herz dann der erste Student seiner Alma Mater.

Nehmen wir nur zwei Beispiele heraus:

Zum einen: Führen und leiten soll ein Rektor. In diesen Tagen ist es nicht mehr genug, nur zu moderieren. Leitung bedeutet auch Menschenführung. Knapper werdende Mittel sind zu verteilen. Da ist zu gewähren und zu entsagen. Da sind Prioritäten zu setzen und die gibt es nur, wenn es auch Posterioritäten gibt. Da wird die Konkurrenz auch in das Innere der Universität verlagert. Da muss, so konnten wir es lesen, der Chirurg auch schneiden und neu formen. SALOMO will gerecht regieren, in der englischen Bibel heißt es, *to administer justice*. Die zweite Moderne entdeckt hier den Begriff der Fairness neu: nicht allen dasselbe, auch nicht gleichmäßig wie mit dem Rasenmäher kürzen, sondern jedem eine Chance. Den Starken fördern, aber auch dem Schwachen eine Chance geben, den Mutigen weiter ermutigen, dem Bequemen Dampf machen. In allem: *administer justice*. Ein hörendes Herz braucht, wer mit Fairness leitet; ein hörendes Herz, das noch Muße hat, den Menschen zuzuhören, ein hörendes Herz, das sich von Gott leiten lässt.

Das andere Beispiel hat zu tun mit dem, was sich in der *Scientific community* abspielt. In diesen Tagen fesselt es die Menschen fast so sehr wie der Fußball: das Wettrennen zwischen CRAIG VENTER und FRANCIS COLLINS. Für die einen geht es um die Hoffnung, viele Krankheiten nun wahrhaft im Keim ersticken zu können. Die anderen meinen, wir könnten nun im Buch des Lebens lesen, die Grammatik der Schöpfung entziffern und unsterblich werden. Es ist faszinierend und zum Zittern! Ein hörendes Herz ist nicht das Herz eines technikfeindlichen Maschinenstürmers. Ein hörendes Herz ist ein kritisches Herz. Es versagt sich allen menschlichen Allmachtsträumen und Unsterblichkeitswünschen. Es weiß ja, dass diese den Menschen nicht nur in seine alte Bruchbude zurückzwingen, sondern die Erde zur Hölle statt zum Himmel machen. Aber es geht voran, wo durch Forschung und Technik das Leben von Menschen erleichtert werden kann. Ein hörendes Herz ist ein Herz kritischer Unterscheidung: wo Krankheit besiegt werden kann, etwa mukoviszidosekranken Kindern eine Hoffnung auf das Ende ihrer Leiden gegeben werden könnte, da wird es nicht zurückstehen, sondern vorangehen. Wo das alles aber erkauft werden soll durch Tabubrüche, durch Grenzüberschreitungen, die etwa Embryonen nicht mehr als menschliche Wesen, sondern als Zellhaufen betrachten und der verbrauchenden Forschung opfern, dann wird es nein sagen, um der Menschlichkeit des Menschen willen. Wie schwer das im Einzelnen ist, wissen wir; wie schwierig es noch werden wird, ahnen wir. Das hörende Herz ist darum auch keine Tugend, über die wir verfügen, sondern eine Gabe, die wir erbitten.

An diesem Tag gibt es Freibier, klar! Aber warum einen Gottesdienst? Weil unter all die kleinen und großen Wünsche sich nun auch dieser mischt: Dem neuen Rektor und uns selbst wünschen wir und erbitten darum von Gott – ein hörendes Herz.

Amen.

8 Gestatten: Ich bin Gott

Semestereröffnungs-Gottesdienst der Ernst-Moritz-Arndt-Universität Greifswald, Dom St. Nikolai, 3.4.2000 – 2. Mose 20,1-3

1 Und Gott redete alle diese Worte: 2 Ich bin der HERR, dein Gott, der ich dich aus Ägyptenland, aus der Knechtschaft, geführt habe. 3 Du sollst keine anderen Götter haben neben mir.

Liebe Gemeinde!
Immer wenn es am schönsten ist, beim Spielen oder beim Fernsehgucken, ruft irgendein so genannter Erziehungsberechtigter: BENJAMIN, es ist Zeit, du musst jetzt .... Das geht dann wahlweise weiter mit: Flöte üben, ins Bett gehen, Schularbeiten machen. Kein Wunder, dass BENJAMIN mit der Zeit Strategien entwickelt, sich dem unerbittlichen „Du sollst" zu entziehen. Die drei wichtigsten Strategien sind (1) die „Ich-will-aber-Strategie", (2) die „SEBASTIAN-darf-aber-Strategie" und (3) die „Warum-denn-Strategie", wahlweise auch als „Warum-nicht-Strategie". Diese letzte ist besonders effektiv, weil sie nahezu unendlich einsetzbar ist. Sie zwingt BENJAMIN nicht, Argumente vorzutragen, sondern schiebt diesen Druck den Eltern zu: „Warum?" Aus elterlicher Sicht ist der Argumentationsnotstand bald erreicht, und dann bleibt nur eine finale Waffe: „So, mein Junge, du machst jetzt, was ich dir gesagt habe!" Kommt dann noch ein „Warum?", heißt die ultimative Antwort: „Weil ich es dir sage!" Nichts könnte elterliche Autorität besser auf den Punkt bringen: „Weil ich es dir sage." Kurzum: Kleiner, weil ich der Boss bin, verstehst du, und weil ich dir die wichtigsten Dinge locker entziehen kann, nämlich Nachtisch, Fernseher und Gutenachtgeschichte, kapiert: Tu, was ich dir sage, denn ich bin hier der Boss!
Gott sagt „Ich will"; er sagt „Du sollst" und „Du sollst nicht". Spricht auch Gott ein elterliches Machtwort? Ist sein Gebieten Ausdruck der Tatsache, dass er der Boss ist, der uns das Nötige entziehen könnte, so dass es besser ist, ihm zu Willen zu sein? Ist Gottes Begründung auch solcher Art: „Du tust das, weil ich es sage, darum, basta!"?
Wenn wir aufmerksam hinhören, dann stellt Gott sich uns anders vor: nicht mit hilflos-mächtiger Autorität, nicht mit Strenge, nicht aus schierer Überlegenheit der Kräfte.

1. Gott stellt sich vor: „Ich bin der Herr, dein Gott..."

Schauen wir genau hin, wie Gott hier redet. Er redet von sich und von uns. Ich bin, ich habe, neben mir. Und er redet von uns: Du sollst, dich habe ich, dein Gott. Und schon grammatisch ist beides verwoben: Ich bin dein Gott, ich habe dich befreit, ich will, dass niemand neben mir dein Gott ist. Das klingt ganz anders als die Grammatik in dem neuesten Buch eines dauerlaufenden Politikers: „Mein langer Lauf zu mir selbst“. „Mein“, „mir“, „selbst“ – man ahnt, was man als Leser zu erwarten hat. Gott redet anders: sein langer Lauf führt ihn zu uns hin. Gott setzt die Grammatik dieser Beziehung: ein Ich und ein Du, und das Ich und das Du gehören zusammen. Das Ich will nicht ohne das Du sein, das Du soll nicht ohne das Ich sein. Das kann man auch Liebe nennen. Gott will nicht ohne uns sein, und wir sollen nicht ohne ihn sein. Ein Immanuel ist dieser Gott, ein Gott für uns und mit uns. Von Gott ist nicht abstrakt zu reden wie von einem höchsten Wesen, das *an sich* wäre. Gott will nicht *an sich* sein und er will nicht als einsames höchstes Wesen verehrt werden. Gott will mein Gott und dein Gott sein. Sein Name ist Programm: „Ich bin der, der für euch da ist.“ BLAISE PASCAL hat das ähnlich gesehen: Gott ist nicht der Gott der Philosophen, er ist der Gott Abrahams, Isaaks und Jakobs. Er bleibt nicht in der Fern’, überm Sternenzelt, er lässt sich hineinverwickeln in die höchst irdischen Geschäfte seiner Menschenkinder. Er schaut nicht mit innerer Distanz zu, wie wir uns abmühen, sondern ist zutiefst beteiligt. Seine Beteiligung an unserem Leben hat zuletzt Gestalt angenommen, indem er selbst Mensch wurde, Fleisch, sagt JOHANNES drastisch, ein Kind im Stall, ein Zimmermann, Wanderprediger, ein Leidender. „Ich bin der Gott, der für euch da ist und dessen ganze Leidenschaft es ist, mit euch zusammen zu sein.“ Wir sind Gottes Begehren. Es gibt keine Liebe ohne Begehren, aber die Liebe begehrt so, dass sie sich dem Begehrten hingibt, sich an ihn verschenkt. „In der Liebe gibt es kein Haben, das nicht der Hingabe entspringt. Alles andere wäre Vergewaltigung“ (EBERHARD JÜNGEL).[6] Gott stellt sich uns vor: „Ich bin der Gott, der sich an euch hingibt.“

Die Sorge fragt nun: Werde ich nicht doch unter ein fremdes Diktat geraten, wenn ich mich auf diesen Gott einlasse? Ich möchte doch selbstbestimmt leben und nicht fremdbestimmt werden, ich möchte autonom sein! Kürzlich sagte ein Pfarrer auf einer Tagung: „Aber ich muss doch auch tun, was mir

[6] E. JÜNGEL, Gott als Geheimnis der Welt, Tübingen [2]1977, 437.

entspricht!“ Ich muss doch ich selbst sein. Wie ein Gesetz liegt es über uns: Ich muss. Merkwürdige Freiheit!

Gott redet hier weder von Selbstbestimmtheit noch von Fremdbestimmtheit. Weder dieses noch jenes entspricht Gottes Reden. Gott redet von etwas Drittem jenseits von Selbst- und Fremdbestimmung. Er sagt es ganz schlicht: „Du bist dazu geschaffen und berufen, mit mir zusammen zu sein, verbunden in der Liebe. Wenn du mit mir zusammen bist, dann bist du, was du sein sollst, dann bist du ganz das, was deinem Wesen entspricht. Folgst du meinem Leiten, dann ist das nichts Fremdes, es ist vielmehr dein Ureigenstes, wozu ich dich geschaffen und berufen habe. Denn sosehr ich kein menschenloser Gott sein will, so wenig sollst du ein gottloser Mensch sein. Bist du nur bei dir, aber ohne mich, dann bist du noch nicht, was du sein kannst. Bist du unter dem Joch eines fremden Gesetzes, dann bist du auch nicht, was du sein sollst. Bist du in Liebe, Vertrauen und Gehorsam mit mir verbunden, dann bist du, was du sein sollst, und dann bin ich, was ich sein will: ich, dein Gott, du, mein Mensch.“

Wenn wir über die Gebote sprechen, geht es nicht zuerst um Werte, die unsere Gesellschaft braucht (das auch!), nicht zuerst um heilige Tabus, an die wir nicht rühren sollen (das auch!), nicht zuerst um vernünftige Normen, die unser Leben regulieren (das auch!). Zuerst geht es um Gott und seine Menschen, um Gottes tiefsten Wunsch, mit uns zusammen zu sein.

2. Gott stellt sich vor: „Aus Ägypten habe ich dich befreit“

Wollen wir mehr über Gott erfahren, so werden wir nicht auf Eigenschaften verwiesen, etwa auf seine Allmacht oder sein Allwissen. Auf Taten werden wir verwiesen, mit Israel werden wir erinnert an das, was Gott uns zugute getan hat. Für das Volk Israel ist dieser kleine Satz voller Erinnerungen. Wir wissen, woran wir sind bei Gott, wir wissen es: Er hat unsere Schreie gehört, er hat sich von unserer Not anrühren lassen. Er hat um unsertwillen den Pharao gedemütigt, den mächtigsten Mann der Erde. Er hat uns durch MOSE herausgeführt aus diesem Arbeitslager Ägypten. Er hat uns trockenen Fußes durch das Meer geführt und er hat uns in der Wüste nicht verhungern lassen. Er hat sogar unser chronisches Misstrauen und unsere Aufsässigkeit ertragen und uns wieder und wieder vergeben, wenn wir ihn enttäuscht haben. So ist unser Gott. Und so ist er nicht nur in grauer Vorzeit, so ist er bis zum heutigen Tage – eben der Gott, der aus der Knechtschaft befreit. Sein Bekenntnis zu uns ist durch Taten bestätigt. Sein Ja zu uns ist beglaubigt und nicht nur ein Lippenbekenntnis. Wir wissen, woran wir sind mit Gott.

Die Sorge aber fragt: Was, wenn es mir anders mit ihm ergeht? Was, wenn er mich enttäuscht? Geschieht nicht genug Schweres in diesem Leben? Woher weiß ich, dass er es gut mit mir meint und am Ende auch gut für mich ausgehen lässt?
Gott aber sagt: „Ich habe an Israel ein Exempel statuiert, damit ihr seht, wie ich es wirklich meine. Und ich habe es noch einmal, noch deutlicher und klarer, im Leben und Leiden, im Sterben und Auferstehen JESU gezeigt, wie ich bin und wie ich es meine. Und jetzt stelle ich mich euch vor und lade euch ein: Kommt und seht! Ich will euer Gott sein. Ihr sollt es erleben, wie ich es gut mit euch meine."

3. Gott stellt sich vor: „Du sollst keine anderen Götter haben mir zum Trotz"

Nichts anderes als Konkurrenzlosigkeit fordert Gott. „Ich will ganz für euch da sein. Und nun antwortet auf meine Liebe, indem ihr auch sagt: Du allein sollst unser Gott sein. Dir allein wollen wir vertrauen und gehorchen!" MARTIN LUTHER hat glasklar verdeutlicht, worum es hier geht: Die alten Götter sind ja etwas aus der Mode geraten, aber dennoch ist Gottes Konkurrenzlosigkeit nicht selbstverständlich. Was heißt es denn, einen Gott zu haben? Einen Gott zu haben, das bedeutet, sein Herz an etwas oder an jemanden zu hängen. Woran du nun dein Herz hängst, das ist dein Gott. Was heißt es aber, sein Herz an etwas zu hängen? Das heißt, dass ich darauf vertraue. Wem ich vertraue, an den habe ich mein Herz gehängt. Was heißt es aber zu vertrauen? Das heißt aber, alles Gute von dem zu erwarten, dem ich traue, und meine Zuflucht zu suchen in allen Nöten bei dem, dem ich mich anvertraut habe. Das heißt es zu vertrauen, sein Herz zu vergeben und einen Gott zu haben.
Das erste Gebot ist sozusagen ein Doppelgebot! Gott sagt einerseits: „Ich bitte dich um dein Herz." „Gib mir, mein Sohn, gib mir, meine Tochter, dein Herz, und lass deinen Augen meine Wege wohlgefallen", so heißt es im Buch der Sprüche[7]. Und er gibt andererseits einen Forschungsauftrag: „Erforsche dich, woran du dein Herz hängst, was zur Konkurrenz wird, worauf du dich wirklich verlässt, wenn es ernst wird. Und dann möchte ich diesen Platz in deinem Leben besetzen."
Die Sorge sagt: Ich bin da doch skeptisch. Auch Menschen sagen: Neben mir keiner! Kinder tun es und begehren mit grenzenlosem Anspruch. Auch unsicher Verliebte tun es und schauen eifersüchtig auf jeden Fremden. Stars und

[7] Sprüche 23,26.

Chefs tun es und denken bei sich: Du sollst keine anderen Götter haben neben mir! Zeigt nicht, wer so redet, einen Mangel an Weite und ein Übermaß an Intoleranz?
Gott aber sagt: „Intolerant bin ich, weil ich treu bin. Es ist wahr, ich dulde keine Konkurrenz. Ich will, dass du ganz mein wirst oder es ganz sein lässt. Die Liebe sucht Ausschließlichkeit. Was willst du mit fremden Göttern? Götter sind dazu da, Furcht und Hoffnung auf sich zu ziehen. Furcht, weil man es sich mit ihnen nicht verderben will! Hoffnung, weil man sich ihrer Hilfe vergewissern will! Die Götter werden dich bitter enttäuschen. Und sie werden dir die Freiheit wieder rauben. Ich habe dich nicht aus der Knechtschaft befreit, damit du dich – nun auch noch freiwillig! Freiwillig!! – wieder knechten lässt." Nehmen wir nur ein Beispiel: der reiche junge Mann, der JESUS begegnet. Fromm ist er, o ja, aber an seinen Reichtum hat er sein Herz gehängt. Von seinem Reichtum erwartet und erhofft er alles. Sein Reichtum ist sein Gott. Als er die Chance seines Lebens bekommt, ist er nicht frei. Gekettet an seinen Reichtum kommt er nicht los von seinem alten Leben. Die aufregende Chance, an der Seite JESU zu leben und zu arbeiten, verpasst er: sein Gott hat ihn geknechtet. So ist das mit den Göttern! Deshalb sollst du keine Götter neben mir haben!
DIETRICH BONHOEFFER geht noch einen Schritt weiter. Er sagt: „Unter Gott hat alles Platz, neben ihm nichts."[8] Buchstabieren wir das durch:
Unter Gott hat alles Platz, z.B. das Forschen und Lernen. Dem Drang nach Wissen ist vom Glauben her keine Grenze gesetzt. Die Welt und den Menschen, Natur und Kultur, Innerpsychisches und Körperliches, Geschichte und Gegenwart – all das zu durchdringen, Grundlagen zu erforschen und Anwendungen vorzubereiten, das hat seinen Platz. Gott will, dass wir den Garten dieser Erde bebauen und bewahren, den Dingen auf den Grund gehen und ihnen Namen geben. Unter Gott hat es seinen Platz, neben Gott allerdings nicht: Wenn unser Forschen uns verleitet, Gott zu spielen, indem wir etwa die Vielfalt der Schöpfung durch die Einfalt geklonter Kopien ersetzen oder Anfang und Ende des Lebens völlig unter unsere Bestimmung bringen, dann sagt Gottes Gebot: „Nein, das sollst du nicht, denn du bist mein Mensch und ich bin dein Gott, und neben mir hat niemand Platz zu nehmen." Und wir spüren vielleicht auch, dass es uns vor Knechtschaft und Elend bewahrt, diese Grenze nicht zu überschreiten.
Unter Gott hat alles Platz, auch Frühlingsgefühle und Liebesspiel. Gott neidet uns nicht die Liebe und er freut sich, wenn er und sie zueinander finden und

[8] OTTO DUDZUS: BONHOEFFER-Brevier, München 1973, 439.

eins werden, in Zuneigung und lebenslanger Treue. Gott neidet uns nicht die Liebe, er sieht es mit einem Schmunzeln, wenn sie öfter an ihn und er öfter an sie denkt und beider Herz höher schlägt, wenn sie aneinander denken, höher sogar als in Gebet und Gottesdienst. Unter Gott hat alles Platz, aber neben ihm nichts: Wenn wir den geliebten Menschen vergöttern und nun alles Gute von ihm erwarten, so sagt er: „Nein, das sollst du nicht. Kein Mensch muss für den anderen zum Gott werden, keiner muss so unmenschlich überfordert werden, dass von ihm alles Gute und alle Hilfe in der Not erwartet wird. Das lass meine Sorge sein, untereinander aber bleibt menschlich!" Und wir spüren vielleicht auch, wie es uns unmenschlich macht und knechtet, wenn wir mehr als nur Menschen füreinander sein sollen.

Unter Gott hat alles Platz, neben ihm nichts. BONHOEFFER schreibt: „Gott ... duldet keinen anderen Gott neben sich, er will allein Gott sein. Er will alles für den Menschen tun und sein, darum will er auch allein von ihm angebetet werden. Neben ihm hat nichts Platz, unter ihm [aber] die ganze Schöpfung. Gott will allein Gott sein, weil er allein Gott ist."[9]

So beginnen die Zehn Gebote: damit, dass Gott sich selbst vorstellt. Er will mit uns zusammen sein, er will sich als der erweisen, der aus der Knechtschaft befreit, und er will konkurrenzlos unser Gott sein. Alles, was dieser Selbstvorstellung folgt, legt nur noch aus, was wir gehört haben. Wenn wir so mit Gott zusammen sind, dann wird unser Leben so aussehen: Wir werden fürsorglich und voller Respekt mit denen umgehen, die vor uns die Verantwortung trugen, wir werden arbeiten, aber auch ruhen, fremdes Leben wird uns so heilig sein wie die Ehe des anderen; wir werden den anderen nicht berauben, sondern ihm gönnen, dass es ihm gut geht; die Wahrheit wird uns helfen, füreinander verlässlich zu sein; unser Herz wird dankbar genießen, was Gott uns gab, aber nicht lüstern begehren, was er dem anderen gab. Es sind die Spielregeln der Freiheit, nach denen wir dann leben, und wir werden ihnen mit guten Gründen folgen. Die Gebote sind für uns nicht das autoritäre Diktat eines Gottes, dem die guten Gründe ausgehen und der darum wie ein hilfloser Erzieher lospoltert: Du tust das, weil ich es sage, und damit basta! – Alles hängt daran, dass wir hören und zu Herzen nehmen, wie Gott um uns wirbt: „Ich bin doch der Herr, dein Gott, der dich aus Ägypten, aus der Knechtschaft geführt hat. Du sollst keine anderen Götter haben neben mir."

Amen.

---

[9] A.a.O.

9 Vor lauter Feuer ausgebrannt?

Adelboden, Hotel Hari, 28.2.2000 – 2. Mose 18,13-27

13 Am andern Morgen setzte sich Mose, um dem Volk Recht zu sprechen. Und das Volk stand um Mose her vom Morgen bis zum Abend. 14 Als aber sein Schwiegervater alles sah, was er mit dem Volk tat, sprach er: Was tust du denn mit dem Volk? Warum musst du ganz allein da sitzen, und alles Volk steht um dich her vom Morgen bis zum Abend? 15 Mose antwortete ihm: Das Volk kommt zu mir, um Gott zu befragen. 16 Denn wenn sie einen Streitfall haben, kommen sie zu mir, damit ich richte zwischen dem einen und dem andern und tue ihnen kund die Satzungen Gottes und seine Weisungen. 17 Sein Schwiegervater sprach zu ihm: Es ist nicht gut, wie du das tust. 18 Du machst dich zu müde, dazu auch das Volk, das mit dir ist. Das Geschäft ist dir zu schwer; du kannst es allein nicht ausrichten. 19 Aber gehorche meiner Stimme; ich will dir raten, und Gott wird mit dir sein. Vertritt du das Volk vor Gott und bringe ihre Anliegen vor Gott 20 und tu ihnen die Satzungen und Weisungen kund, dass du sie lehrest den Weg, auf dem sie wandeln, und die Werke, die sie tun sollen. 21 Sieh dich aber unter dem ganzen Volk um nach redlichen Leuten, die Gott fürchten, wahrhaftig sind und dem ungerechten Gewinn feind. Die setze über sie als Oberste über tausend, über hundert, über fünfzig und über zehn, 22 dass sie das Volk allezeit richten. Nur wenn es eine größere Sache ist, sollen sie diese vor dich bringen, alle geringeren Sachen aber sollen sie selber richten. So mach dir's leichter und lass sie mit dir tragen. 23 Wirst du das tun, so kannst du ausrichten, was dir Gott gebietet, und dies ganze Volk kann mit Frieden an seinen Ort kommen. 24 Mose gehorchte dem Wort seines Schwiegervaters und tat alles, was er sagte, 25 und erwählte redliche Leute aus ganz Israel und machte sie zu Häuptern über das Volk, zu Obersten über tausend, über hundert, über fünfzig und über zehn, 26 dass sie das Volk allezeit richteten, die schwereren Sachen vor Mose brächten und die kleineren Sachen selber richteten. 27 Und Mose ließ seinen Schwiegervater wieder in sein Land ziehen.

Liebe Gemeinde,
was ist los, wenn *er* sich noch schnell aus dem alten Pulli schält und sich mühsam den Schlips umbindet, wenn die Kinder ermahnt werden, sich ja anständig zu benehmen und – im Falle eines Falles – artig „danke" zu sagen,

wenn *sie* schließlich eine kritische Inspektion der Wohnung vornimmt, bei der auch die Oberkanten der Türen und die Fliesen hinter der Badewanne auf renitente Staubpartikel untersucht werden? Was ist los, wenn all das in einem sonst ganz friedlichen Hause geschieht? Die Antwort ist einfach: Die Schwiegereltern haben sich angesagt und werden jeden Augenblick erwartet. Das ist los!

Nun ist kaum bekannt, dass auch die großen Zeugen der Bibel Schwiegereltern hatten. Von PETRUS weiß man, dass er JESUS einmal bat, die kranke Schwiegermutter zu heilen. Und von MOSE erfahren wir, dass er einen midianitischen Priester zum Schwiegervater hatte. Sie erscheinen einem doch gleich viel menschlicher und rücken uns so viel näher: auch die Urbilder des Glaubens hatten Schwiegereltern.

MOSE muss ein ganz besonderes Verhältnis zu seinem Schwiegervater gehabt haben. Davon hörten wir ja in der biblischen Geschichte eben. Es waren unruhige Zeiten. MOSE hatte das Volk aus Ägypten herausgeführt. Er hatte es ein gutes Stück durch die Wüste geführt. Er hatte nach der ersten Begeisterung nun auch die ersten Probleme bewältigen müssen: Versorgungsengpässe, Unzufriedenheit, ja sogar schon die Stimmen der ganz Vergesslichen, die nicht mehr wussten, wem sie gerade entronnen waren, und die sich schon wieder nach der fürsorglichen Diktatur der Ägypter sehnten. Gewiss, frei waren sie nicht gewesen, aber bei aller harten Arbeit gab es die Fleischtöpfe Ägyptens, keiner war ohne Brot und Arbeit, die Kinder wurden betreut, es war für alles gesorgt. MOSE musste mit all dem klarkommen. Ein harter, schwerer Beruf, den Gott ihm da auferlegt hatte.

In diesen schweren Zeiten besucht JETHRO, der Schwiegervater, MOSE. Sie erzählen sich, was sie erlebt haben. JETHRO bleibt etwas länger und schaut zu, wie MOSE seine Arbeit macht. MOSE plagt sich ab, er arbeitet von frühmorgens bis spätabends. Er spricht mit den Leuten, gibt Ratschläge, schlichtet Streit und gibt Anweisungen, wie man nach Gottes Willen leben soll. Aber alles allein, immer nur er, von morgens bis abends. Und als JETHRO sich das so angesehen hat, nimmt er MOSE beiseite und führt ein ernstes Gespräch mit ihm. Und in diesem Gespräch gelingt etwas, was nicht selbstverständlich ist: Der Junge lässt sich die Weisheit des Alten gefallen, und der Alte sagt, was er sagen muss, so behutsam, dass es MOSE nicht verletzt. Es geschieht Seelsorge Gottes und sie geschieht zwischen den Generationen.

Drei Dinge gibt JETHRO dem Schwiegersohn mit auf den Weg: Was ist gut und was ist nicht gut?

1. Es ist nicht gut, alles allein zu tun

Ich kann es selbst am besten. Ehe ich das einem anderen erklärt habe, habe ich es dreimal selber gemacht. So redet der Alleinunterhalter. – So plagst du dich ab und bist am Ende erschöpft. So wirst du müde und krank. So schadest du dir selbst. Das ist nicht Gottes Wille. Aber mehr noch: So nützt du auch deinem Volk nicht. Schau doch, du kommst ja nicht ans Ende. Wie lange müssen sie warten, bis sie einen Termin bei dir bekommen! Wie müde sind sie, bis sie endlich an der Reihe sind! MOSE, so ist es nicht gut, du wirst am Ende ausgebrannt sein und dein Volk wird unzufrieden sein.

Mir ist aufgefallen, dass das alles nur durch den Beobachter von außen bemerkt wird, nicht aber von MOSE und auch vom Volk nicht. Erst wenn einer von außen kommt und sich anschaut, was da vor sich geht, wird offenbar, dass das Management nicht gut ist.

Das gibt es überall: in Behörden und Firmen, vielleicht sogar in Hotels und auch in Gemeinden. Die Seelsorge JETHROS könnte so mancher Gemeinde gut tun, die so lebt wie MOSE und die Israeliten in der Wüste. Der Pfarrer ernährt die Gemeinde und die Gemeinde verzehrt den Pfarrer (Manfred Seitz). Der Pfarrer sei, so sagte es einst ein baltischer Theologe, eine eierlegende Wollmilchsau, für alles zuständig, für alles kompetent. Und oft merken es weder der Pfarrer noch die Gemeinde – man fühlt sich sogar ganz wohl darin. Der Pfarrer jammert ein bisschen über das schwere Amt, aber wehe, man will ihm etwas abnehmen! Manche Pfarrer mögen es gar nicht gerne, wenn Christen in der Gemeinde mitarbeiten wollen. Ich hörte von einem pensionierten Manager, der seinem Pfarrer anbot, in der Gemeinde mitzuhelfen – und der Pfarrer war völlig hilflos, wusste damit nichts anzufangen. Und manche Gemeinden wollen es auch nicht anders: Wenn es nicht der Pfarrer macht, dann ist es nicht recht. Der Geburtstagsbesuch eines normalen Gemeindegliedes, das wäre nicht so wie der des Herrn Pfarrer. KLAUS EICKHOFF sagte einmal: Unsere Gemeinden sind wie Gärten. Und der Gärtner geht mit der Wasserkanne in den Garten. Aber bevor er die Blumen begießt, schmiert er alle Löcher des Sprengers mit Matsch zu, bis auf eines. Ein einziges Löchlein bleibt offen. Und so begießt er die Blumen. Nur durch ein Loch darf das Wasser des Lebens fließen. Kein Wunder, dass die Blumen verdursten.

JETHRO sagt: Guckt doch mal hin! Wenn ihr so denkt und lebt, dann gehen die vor die Hunde, die immerzu arbeiten, und wie vieles bleibt liegen! Wie viele werden nie besucht! Wie viele bräuchten ein Gespräch! Wie viele Gaben liegen brach! Wie viel könnte geschehen! Herr Pfarrer MOSE, sagt der Visitator JETHRO, es ist nicht gut, wie du das machst.

2. Es ist gut, sich auf das Wesentliche zu konzentrieren

Der schwiegerväterliche Seelsorger bleibt nicht bei der Kritik stehen. Er sagt dem MOSE auch, was er tun soll. Er soll sich konzentrieren, das heißt zu Deutsch: sein Herz der Mitte zuwenden. Was ist eigentlich deine Aufgabe? MOSE, am Ende ist nicht wichtig, dass du in allen Töpfen mitgerührt hast. Man wird dich nicht fragen, ob du nicht noch dieses oder jenes hättest tun können. Es geht darum zu tun, wozu du berufen bist. Darauf kommt es an.

Das bedeutet: Überprüfe, ob du das tust, worin du stark bist. Überprüfe, ob du nicht vieles tust, was gar nicht auf der Spur dessen liegt, wozu Gott dich berufen und begabt hat. Und dann habe Mut zu zwei Lebensregeln:

- „Weniger ist mehr!" Tu lieber ein paar wenige Dinge und die mit ganzem Einsatz, mit *excellence*, wie unsere amerikanischen Freunde sagen. Qualität ehrt Gott. Lieber weniges richtig gut, als überall dabei, stets gehetzt, nie ganz hingegeben.
- „Wer ja sagt, muss auch nein sagen!" Ja zu wenigem heißt nein zu vielem. Ich habe einen Freund, der ist Manager in einer großen Fabrik, die Herrenmode herstellt. Wenn wieder einmal jemand anführt, was noch alles getan werden könnte, sagt der immer: „Prima Idee – machen wir auch nicht!" Das ist wichtig: Wer zu dem ja sagt, worin er stark ist und worin er Gott zur Ehre dienen will, der muss auch nein sagen zu vielem, das auch reizvoll und wichtig wäre. Wir müssen ja oft nicht zwischen gut und schlecht entscheiden, sondern zwischen gut und gut. Gott möchte, dass wir ihn ehren, indem wir Weniges gut machen.

Vielleicht ist es Zeit für eine kleine Inventur: Tue ich vielleicht zu viel? Muss ich mich neu konzentrieren? Wieder neu ja sagen zu dem, was doch mal mein Ruf und damit mein Beruf war? Mutiger nein sagen, auch wenn ich damit in der Beliebtheitsskala nach unten rutsche?

Übrigens, für MOSE ist es klar, was er tun soll. Er ist als ein priesterlicher Mensch berufen. Und das heißt, dass zwei Dinge im Herzen seines Dienstes stehen sollen: nicht bauen und planen, nicht noch einen Kreis selbst leiten, nicht überall dabei sein. Nein: vor Gott für die Menschen eintreten, vor den Menschen Gottes guten Willen kundtun.

Anders gesagt: MOSE ist der Fürsprecher und Fürbitter seines Volkes vor dem Thron Gottes, und er ist der Verkündiger des Gotteswortes in der Gemeinde. Das ist das Wenige, wozu es Pfarrer braucht. Kluge Gemeinden bitten ihre

Pfarrer, vor allem das zu tun: Gebet und Verkündigung. Sie werden es nicht bereuen, wenn sie ihre Pfarrer von anderem dafür entlasten.

3. Es ist gut, den Aufbau der Gemeinde zu planen

Noch etwas soll allerdings Mose tun, er ist der Manager einer neuen Ordnung in der Gemeinde. Das nennt man auch Gemeindeaufbau.

Jethro ist nüchtern: Nicht alle werden mitarbeiten. Es wird in der Gemeinde immer Menschen geben, die mitarbeiten, und es wird immer Menschen geben, die betreut werden. Es ist nicht biblisch zu fordern, dass alle mitarbeiten müssen. Beteiligung und Betreuung, beides muss es geben. Manche haben Gaben und Kräfte frei, die gilt es zu gewinnen und zu ermutigen; andere können es nicht, weil die Kinder zu klein sind, die Kräfte nicht mehr ausreichen oder der Beruf alles fordert.

Jethro sagt: Du musst die Gemeinde Gottes unterteilen in überschaubare Bezirke: es soll keiner übersehen werden. Und dann musst du schauen, ob du begabte Menschen findest. Das ist deine Leitungsaufgabe: nicht alles selbst machen, sondern Menschen finden, die es machen. Begabt sollen sie sein, aber das reicht nicht. Begabte sind auch gefährdet. Sie sollen auch menschlich und geistlich reif sein. Gott sollen sie fürchten und wahrhaftig müssen sie sein. Nimm niemanden zu früh in die Pflicht! Und ihr Umgang mit dem Geld soll sauber sein. – Wie hören wir das heute im Blick auf das Trauerspiel, das manche gewählte Volksvertreter in Deutschland aufführen! – Die Begabten und menschlich wie geistlich Reifen, die bringe zusammen. Und dann gib ihnen einen Bezirk, in dem sie für andere da sind, als Besucher, als Seelsorger, als Ratgeber, als Künder des Gotteswillens. Jedem so viel, wie er kann, der eine mehr, der andere weniger. Wir würden sagen: der eine als Bibelstundenhalter, der andere als Hauskreisleiter, der Dritte im Kindergottesdienst. So wird die Gemeinde wachsen und reifen.

Im Epheserbrief wird der Dienst der Amtsträger in der Gemeinde so beschrieben (4,11f): Sie sollen die Heiligen zum Dienst zurüsten, damit durch den Dienst der Heiligen die Gemeinde erbaut wird. Der Rasensprenger wird frei gekratzt, und das Wasser kann wieder durch viele Löcher fließen.

Mose steht im Hintergrund; das wissen die, die er berufen hat. Wenn es zu schwierig wird, dürfen sie ihn rufen.

So hilft der Schwiegervater dem Mose zu einem gesünderen Leben und bringt zugleich die Gemeinde Gottes voran. Wohl dem, der solch einen Schwiegervater hat. Amen.

10 Erfolgreich scheitern

„Theo-Door"-Gottesdienst, Café Marimar Greifswald, 28.11.1998 – Apostelgeschichte 15,36-41

36 Nach einigen Tagen sprach Paulus zu Barnabas: Lass uns wieder aufbrechen und nach unsern Brüdern sehen in allen Städten, in denen wir das Wort des Herrn verkündigt haben, wie es um sie steht. 37 Barnabas aber wollte, dass sie auch Johannes mit dem Beinamen Markus mitnähmen. 38 Paulus aber hielt es nicht für richtig, jemanden mitzunehmen, der sie in Pamphylien verlassen hatte und nicht mit ihnen ans Werk gegangen war. 39 Und sie kamen scharf aneinander, so dass sie sich trennten. Barnabas nahm Markus mit sich und fuhr nach Zypern. 40 Paulus aber wählte Silas und zog fort, von den Brüdern der Gnade Gottes befohlen. 41 Er zog aber durch Syrien und Zilizien und stärkte die Gemeinden.

Kennen Sie die Renault-Werbung für diese familienfreundlichen Großraumlimousinen? Man sieht etwas anderes, als man hört. Man sieht: eine glückliche Familie auf der Urlaubsreise, lächelnde Menschen, friedliche Kinder, sonnendurchflutetes Auto. Die Botschaft ist klar: So geht es euch mit diesem Super-Auto.

Man hört dagegen eine Durchschnittsfamilie mit Zoff im Auto: Die Kinder giften sich an: Du stinkst. Nein, du stinkst, nänenanenäna. Die Tochter muffelt: Papa is' 'ne Knackwurst. Die Frau grantelt: Super-Urlaub, ich lass mich scheiden. Auch dazu ist die Botschaft klar: So geht es euch ohne unser Super-Auto.

Man könnte den Spot aber auch ganz anders lesen: Die Bilder zeigen, was wir uns wünschen – nämlich Harmonie und Frieden, freundliche Menschen, die gerne beieinander sind, wo einer auf den anderen Rücksicht nimmt, eine Gemeinschaft voller Fröhlichkeit. Die Worte dagegen zeigen, wie es in Wahrheit ist: Zoff und Ärger, durchschnittliches Genervtsein, zuerst kommt Ego.

Aus der Spannung kommen wir offenbar nicht heraus: Auf der einen Seite sind wir darauf angelegt, in Gemeinschaft zu leben. In der alten Geschichte vom Anfang der Welt heißt es, der erste Mensch sei unendlich unglücklich und einsam gewesen, bis Gott ihm ein Gegenüber schuf, das zu ihm passte. Vollständig Mensch, so meint es diese alte Geschichte, ist der Mensch erst mit dem Mitmenschen. Allein geht er ein.

Auf der anderen Seite tun wir uns gegenseitig weh, und zwar umso mehr, je näher wir einander kommen. MARTIN WALSER beschreibt z.B. die Ehe im Bild zweier Chirurgen, die einander gegenseitig operieren, ohne Narkose natürlich, und deren Kunst darin besteht, sich immer besser kennen zu lernen, d.h., immer besser zu wissen, wo es wehtut.
Das ist die Ausgangssituation für unser Thema: der tiefe Wunsch nach Gemeinschaft, nach Gespräch und Austausch, nach gegenseitiger Hilfe und gemeinsamer Freude, nach Wärme und Geborgenheit, und die bittere Erfahrung, dass es das offenbar nicht gibt ohne Streit und Konflikt, ohne Auseinandersetzung und Enttäuschung, ohne Schuld und Verletzung. Und wenn ich ehrlich bin, dann trifft diese bittere Erfahrung auch mich selbst. In der Gemeinschaft mache ich einen besonderen Selbsterfahrungskurs: Ich lerne mich kennen. Das ist ja eine besondere Form der Drohung: Du sollst mich noch kennen lernen. In der Gemeinschaft muss es heißen: Du sollst dich noch kennen lernen! Und zwar von einer Seite, die uns, wenn wir ehrlich sind, nicht nur gut gefallen kann. Da schauen wir in den Spiegel und sehen nicht mehr bloß den hilfsbereiten, gesprächsfähigen, netten Menschen, der zu sein wir uns doch Mühe geben. Wir sehen auch das hässliche, streitsüchtige, eigensinnige, ich-besessene andere Gesicht und merken: Wir selbst sind es, die oft genug kaputt machen, was sie lieben, die zutiefst gemeinschaftsunfähig sind.
Beispiele könnte wohl jeder von uns in Hülle und Fülle aufbieten: Unsere WG-Geschichte hat so etwas gezeigt, unsere Beziehungen am Arbeitsplatz könnten davon etwas verraten, dieses Haus kann etwas davon erzählen mit seiner SED-Vergangenheit, unsere Kinder könnten Geschichten erzählen, traurige und wütende, unsere Lebenspartner können etwas davon verraten.
ROBERT SCHUMANN, der französische Außenminister, der nach dem Krieg die deutsch-französische Aussöhnung vorantrieb, wurde einmal gefragt, warum er nie geheiratet habe. Er erzählte, er habe einmal vor langer Zeit an der U-Bahn eine fremde Dame versehentlich auf den Fuß getreten. Bevor er sich entschuldigen konnte, kreischte sie ihn an: Du Trottel, kannst du denn nicht aufpassen, wo du hintrittst! Dann erst habe sie ihn angesehen, sei errötet und habe gestammelt: O entschuldigen Sie bitte, ich habe gedacht, es wäre mein Mann.
Merken Sie das: In der engsten Beziehung vermögen wir einander am heftigsten zu verwunden. Da schlägt tiefe Zärtlichkeit um in Zorn, dann in Respektlosigkeit und Verachtung: Du Trottel, kannst du denn nicht aufpassen, wo du hintrittst?
In der christlichen Bibel wird auch von solchen Erfahrungen berichtet. Und die Freunde, die diesen Gottesdienst vorbereitet haben, haben eine solche

Geschichte ausgewählt. Vielleicht sorgt sich jetzt der eine oder andere, darum sage ich etwas vorweg. Es ist keine Geschichte nach dem Prinzip der Waschmittelwerbung. Da müssen immer erst Kinder durch den schlimmsten Matsch, damit alle sehen können, wie weiß der Weiße Riese wäscht oder was Spee-Megaperls so alles sauber kriegen. Es ist keine Geschichte nach dem Motto: Ja, ja, so geht es in der Welt zu, aber bei uns Christen, da ist alles viel besser. Es ist keine Geschichte, die denen, die an sich und ihren unbewältigten Konflikten leiden, zumutet, nun auch noch einen Blick in eine heile Welt zu tun, die für sie doch unendlich weit weg ist.

Es ist eine Geschichte von zwei Freunden, die uns LUKAS, einer der Chronisten der ersten Christengemeinden, erzählt. Der eine heißt PAULUS, ist ein gelehrter Jude und römischer Bürger, er kam erst spät mit dem Glauben der Christen in Kontakt. Das aber stellte sein Leben auf den Kopf. So leidenschaftlich er früher die Christen bekämpfte, so leidenschaftlich warb er jetzt als Reisender in Sachen JESUS CHRISTUS für diesen Glauben. Er bereiste die gesamte damals bekannte Welt, rund um das Mittelmeer, und gründete christliche Gemeinden. Der andere hieß JOSEF BARNABAS, ein reicher Jude aus Zypern. Dieser JOSEF BARNABAS war auch irgendwann Christ geworden und er fand den Mut zu einem ziemlich radikalen Schritt: Er verkaufte sein Hab und Gut und stellte das Geld der christlichen Gemeinde zur Verfügung. Diese beiden fanden irgendwie zueinander; zusammen wurden sie auf die Reise geschickt, um zu predigen und Gemeinden zu gründen. Zusammen erlebten sie, wie sich Juden und Heiden für den neuen Glauben entschieden. Zusammen erlitten sie bittere Niederlagen, wurden ins Gefängnis geworfen und aus den Städten gejagt. Zusammen kämpften sie in der jungen Christenheit darum, dass es keine Schranken mehr geben dürfe. Jeder Mensch, ohne Bedingungen und Vorleistungen, solle dazugehören dürfen und sich von Gott geliebt und angenommen wissen. Zusammen freuten sie sich über den Durchbruch in dieser Sache bei einer ersten großen Konferenz der Christen in Jerusalem. Die beiden waren also wie Pech und Schwefel. Das war kein Zweckbündnis auf Zeit, das war keine so genannte Männerfreundschaft, wie wir sie aus der politischen Elite kennen, das war keine unfreiwillige Arbeitsgemeinschaft – da war eine tiefe Verbindung aus persönlicher Freundschaft, aus gemeinsam Erlittenem und geteilter Leidenschaft.

Diese beiden saßen nun in der Stadt Antiochia und planten die nächsten große Reise. Eine Inspektionsreise sollte es werden: Sie wollten schauen, wie es den Gemeinden denn nun gehe. Und da kommt es zum Bruch. Es geht um keine große Sache, es geht um eine Beziehungskiste. Es geht um einen jungen Mitarbeiter, JOHANNES MARKUS mit Namen, der sie auf der ersten großen Reise im Stich gelassen hatte. BARNABAS sagt: Der muss doch eine zweite Chance kriegen! PAULUS dagegen bleibt beinhart: Kommt nicht in Frage, wir können uns nicht noch so eine Pleite leisten. Wir müssen uns auf jeden verlassen, der mit auf die Reise geht. Der nicht!

Nun ist klar, das ist ja eine fromme Geschichte; wir wissen, wie es weitergehen müsste: Sie haben sich tüchtig die Meinung gesagt und dann doch geeinigt. Sie haben eine Weile miteinander gestritten, dann hat einer von beiden voller Einsicht nachgegeben. Sie haben wahrscheinlich innig gebetet und sind sich dann reumütig in die Arme gefallen. So müsste es doch weitergehen, und wenn sie nicht gestorben sind, dann...

Doch genau so geht es nicht weiter. Sie geraten scharf aneinander, heißt es da. Zoff in der Gemeinde, unfreundliche Reden, scharfe Worte, erhitztes Gegeneinander – und am Ende – die Trennung. Eine Geschichte ohne Happy end: PAULUS geht seiner Wege und reist mit einem neuen Mitarbeiter nach Norden, BARNABAS schnappt sich den JOHANNES MARKUS und reist nach Westen, in die zypriotische Heimat. Sie haben sich, soweit wir wissen, nie wieder getroffen. PAULUS wird später in Rom wegen seines Glaubens eingekerkert, die Spur des JOSEF BARNABAS verliert sich in Zypern. Keine Aussprache, keine Versöhnung. Stattdessen: Scheitern im Streit, Scheidung als Ende eines gemeinsamen Weges. Und so etwas steht in der Bibel.

Nun könnte man aber doch wenigstens annehmen, dass das christliche Management sich blitzschnell und in aller Deutlichkeit von den beiden distanziert. Aber auch davon hören wir nichts. Aber raten und denken könnten wir, dass sich wenigstens der oberste Chef der beiden von ihnen distanziert, dass es ein himmlisches Donnerwetter gibt und die beiden ein höllisches Feuer erwartet. Ist ER es nicht, der aufpasst, was wir tun, ist ER es nicht, der kleine Sünden sofort straft, größere etwas später? Ist ER es nicht, der als oberster Polizeibeamter an jedem Tatort zu finden ist, sorgsam alle Verfehlungen notiert und uns irgendwann spüren lässt, dass wir unser Leben verfehlt haben? So denken wir uns doch, wenn wir IHN uns denken. ER ist es, der den Guten belohnt und den Bösen bestraft. Oder nicht?

Schauen Sie, PAULUS und BARNABAS leben davon, dass Gott so nicht ist. PAULUS war ein Mensch, der gelernt hat, in den Spiegel zu gucken. In einem seiner Bücher schreibt er das auf: „Das Gute, das ich tun will, tue ich nicht; aber das Böse, das ich nicht will, das tue ich" (Röm 7,19). Und ist das nun das Ende einer christlichen Laufbahn? Auch das hat PAULUS durchdacht, und im Blick auf das, was Gott von sich zu erkennen gegeben hat, sagt er: Wir unterschät-

zen Gott, wenn wir meinen, er könne nur die Braven und die Guten lieben. Nein, Gott macht vor, was es heißt, den Feind zu lieben. Gott tut es weh, es schmerzt ihn, wenn seine Menschenkinder einander so wehtun und nicht im Frieden miteinander auskommen. Es schneidet ihn ins Fleisch, wenn seine Menschenkinder sich gegenseitig das Leben schwer machen, wenn sie zerstören, was sie doch lieben. Es bricht ihm das Herz, wenn seine Menschenkinder wie PAULUS und BARNABAS nicht tun, was gut für sie wäre und was seinem Willen entspräche. Die Scheidung zwischen den beiden Freunden tut ihm weh, so wie ihn unsere Unfähigkeit zur Gemeinschaft schmerzt. Aber er spielt das Spiel nicht mit: Er ist nicht so wie wir. Er lässt sich nicht von uns scheiden. Im Gegenteil: Er unternimmt alles, um uns wieder auf die Beine zu helfen, wenn wir gefallen sind. Wenn wir es mit ihm zu tun bekommen, dann bekommen wir es mit dem Einen zu tun, der sich nicht von uns scheiden lässt. Und wenn er um unser Vertrauen wirbt, dann nicht, um uns vorzuhalten, wie viel in unserem Leben danebengegangen ist, durch eigene und anderer Menschen Schuld.
Dies ist übrigens keine fromme Spekulation. Es gibt eine Spur dieser Liebe Gottes in der Welt. So nämlich feiern wir Weihnachten seinem ältesten Sinn nach: weil Gott sich tief herabgebückt hat, weil er in der hilflosen Gestalt eines Kindes auf diese Erde gekommen ist. „Ich lasse euch nicht!!" – „Ich überlasse euch nicht eurem Schicksal – ich komme zu euch." Das ist die Botschaft des Weihnachtsfestes. „Es sei, wie es sei, ich lasse mich von euch nicht scheiden."

Was bedeutet das für unsere Geschichte? PAULUS und BARNABAS werden gewusst haben, wie sehr sie den Willen Gottes mit Füßen getreten haben. Sie werden auch getrauert haben um ihre Freundschaft. Aber sie haben erfahren, dass Gott sie nicht abgeschrieben hat. Und damit werden die beiden zu einem Modell: Auch mit Schuld und Scheitern sind wir bei Gott nicht abgeschrieben. Darum geht es uns, das möchten wir gerne weitersagen:
Zum einen: Gott ist der Eine, der uns kennt, bis in die letzten Winkel unseres Herzens, der unsere Stärken kennt, aber auch unsere Abgründe, und der uns dennoch nicht verachtet und nicht ablehnt. Gott ist der Eine, der uns kennt und doch liebt, mit unserer Geschichte und unseren Geschichten.
Und zum anderen: Wer das erlebt, bei dem wird sich auch etwas tun. Die alten Geschichten können ausheilen. Und ein neues Zutrauen kann entstehen: Ich kann mich wieder auf Menschen einlassen. Ich weiß, wie sie sind, und ich weiß, wie ich bin. Aber ich habe eine Quelle der Kraft: Ich lerne es, dem anderen die Hand entgegenzustrecken und den ersten Schritt zu tun. Und ich spüre, wie gut das tut. Ich schäme mich, wenn ich daran denke, wie ich unsere

Gemeinschaft beschädigt habe. Ich lerne, meine Meinung zu sagen und auszudrücken, was ich brauche; und ich lerne von dem großen Bergprediger, auch dem anderen zu gönnen, was ich mir selbst erhoffe.
Ich lerne aber auch, den anderen zu sehen, mit dem, was er braucht. Nicht eine Gemeinschaft ohne Streit ist das Ziel, im Gegenteil. Ich werde immer ganz nervös, wenn mir ein Brautpaar erzählt, es hätte sich noch nie gestritten. O nein, Streiten muss sein, und ein Streit, der die Atmosphäre klärt, in dem die Dinge nicht länger unter den Teppich gekehrt werden, der verbindet. Streiten muss sein, aber ein Streiten, in dem wir den Respekt füreinander nicht verlieren und das Augenmaß, ein Streiten, das einen gemeinsamen Weg sucht und nicht einen Sieger und einen Besiegten.
Weiter: Ich erfahre, wie Gott mein Versagen nicht aufrechnet, sondern mein Schuldenkonto wieder ausgleicht, und ich lerne ganz allmählich, auch dem anderen nicht wie ein Staatsanwalt die Verschuldungen der letzten Jahre hinterherzutragen. Dann werden wir immer noch aneinander schuldig und unser Bild voneinander wird ganz nüchtern. Aber die Schuld muss uns jetzt nicht mehr voneinander scheiden. Wir lernen, einander zu verzeihen, wie wir es selbst brauchen, dass uns Verzeihung widerfährt.
So ist das, wenn wir es mit Gott zu tun bekommen. Wir Christen sind da auch nur Erstklässler, schauen Sie nur auf PAULUS und BARNABAS, oder fragen Sie nur mal meine Frau und meine Kinder. Aber das ist nicht schlimm, solange wir uns nur der heilenden Kraft Gottes aussetzen.
Was also ist der Beitrag der Christen zu diesem Thema?
Erstens: Nüchternheit – wir haben es ja immer schon geahnt, jetzt wird es uns in der Urkunde des Glaubens bestätigt: Christen sind auch nicht besser – sie fahren ebenso häufig vor den Baum wie die anderen.
Zweitens: Überraschung – das haben wir vielleicht noch nicht gewusst – trotz und mit unseren verpfuschten Lebensgeschichten lässt Gott sich nicht von uns scheiden. Er tritt nicht, was da fällt. Er kennt uns und mag uns dennoch.
Drittens: Kraft – wer das erfährt, bekommt neuen Mut zur Gemeinschaft, auch zum munteren Streiten, aber auch dazu, dem anderen wieder die Hand entgegenzustrecken.
Amen.

11 Dann wirst du strahlen

Ev. Kirchengemeinde Weitenhagen, Osternacht (12. 4. 1998) – Kolosser 3,1-4

1 Seid ihr nun mit Christus auferstanden, so sucht, was droben ist, wo Christus ist, sitzend zur Rechten Gottes. 2 Trachtet nach dem, was droben ist, nicht nach dem, was auf Erden ist. 3 Denn ihr seid gestorben, und euer Leben ist verborgen mit Christus in Gott. 4 Wenn aber Christus, euer Leben, sich offenbaren wird, dann werdet ihr auch offenbar werden mit ihm in Herrlichkeit.

Liebe Gemeinde!
Eines Tages kam unsere WIEBKE von der Schule nach Hause und erzählte: Heute haben wir in Reli gehört, wie das war mit dem Holzweg, den JESUS gegangen ist! Sie war nicht davon abzubringen: JESUS war auf dem Holzweg! So mancher denkt es auch bis heute: JESU Kreuzweg war ein Holzweg. Ein einziger großer Irrtum. Aber wir feiern in dieser Nacht, dass JESU Kreuzweg kein Holzweg war, sondern der Weg durch tiefstes Leiden hindurch zu höchsten Höhen: Der Herr ist auferstanden – er ist wahrhaftig auferstanden. Lasst mich drei Facetten dieser Osterbotschaft beleuchten: Es geht um die Osterfreude, den Ostermut und den Ostertrost.

1. Jesu Auferweckung bringt uns die Osterfreude

Wenn wir heute mit allen Christen auf Erden jubeln: Der Herr ist auferstanden!, dann jubelt der Apostel noch ein Stückchen weiter: Er ist auferstanden, und wir mit ihm. Ja, der Herr ist auferstanden, aber nicht als Privatmann. In dieser Nacht aller Nächte geschah nicht nur die Auferweckung eines Privatmannes, der zu Unrecht zu Tode gebracht wurde, nein: Es geschah unser aller Auferweckung. JESUS ist nicht nur von den Toten auferstanden, er ist auch mit den Toten auferstanden. Mit ihm bekommen auch wir ein neues, unvergängliches Leben. Er ist der Erstgeborene von den Toten, und wir sind die Nachgeborenen. Das ist die Gnade der späteren Geburt: Von seiner, des Herrn Auferstehung soll nur so geredet werden, dass zugleich von uns die Rede ist.
Hat das denn einen Anhalt an unserem Leben, in unserer Geschichte? Ja, sagt der Apostel: Das geschah, als ihr getauft wurdet. Da wurde euer Leben verknüpft und zusammengebunden mit dem Leben des JESUS CHRISTUS. Da wur-

det ihr hineingetauft in sein Sterben und in sein Ostern. Da band Gott eure kleine Menschengeschichte zusammen mit der Passions- und der Ostergeschichte JESU. Ihr gehört da jetzt mit rein. Da starb euer altes Leben, da starb alles Gottwidrige und Lebensfeindliche. Und geboren wurde der neue Mensch: Mit CHRISTUS seid ihr begraben durch die Taufe; mit ihm seid ihr auch auferstanden durch den Glauben aus der Kraft Gottes.
So ruft uns Gott in dieser Nacht zum Glauben: Ihr Lieben, lasst es euch sagen: Der Herr lebt, und mit seinem Osterfest ist euch Ostern geschenkt. Nehmt doch an, was euch in der Taufe widerfahren ist. So kommt die Osterfreude in euer Leben.

2. Jesu Auferweckung bringt uns den Ostermut

Von JESUS heißt es, er sei nicht nur auferweckt. Nein, er ist erhöht – er sitzt jetzt in der himmlischen Regierungszentrale zur Rechten des Vaters. JESUS ist der Herr. Das ist Ostern. Er ist der Herr, und ihm sollen wir gehorchen. Ostern macht Mut, gehorsam zu werden. „Suchet, was droben ist, wo CHRISTUS ist. Trachtet nach dem, was droben ist, nicht nach dem, was auf Erden ist.“ Daran soll man erkennen, dass wir aufgeweckte Leute sind: Unser Suchen und Trachten, unser Streben und Wollen bekommen ein neues Ziel: das, was droben ist, wo der Herr regiert. Nicht, dass er uns damit von der Erde und allem Irdischen weglocken wollte. Nicht, dass er damit den Alltag unseres Lebens für unwichtig erklärte. Im Gegenteil: Noch ganz in der Welt sollen wir tun, was schon dem neuen Herrscher entspricht, nicht mehr, was den alten Denksystemen entspricht.
Ein einfaches Bild: Als ihr schwimmen lerntet, wart ihr im Wasser, ganz im Wasser. Oben über euch aber stand der Schwimmmeister. Er hielt euch fest mit seinem Ring, dass ihr nicht absaufen konntet, und er sagte euch, mit seinen Anweisungen, wie ihr euch bewegen sollt, ohne allzu viel Wasser zu schlucken.
So ist das: Er oben hält uns – und er oben sagt, wie es richtig geht, mit dem Leben hier unten. Der Apostel zählt dann auf, was wir alles an Altem lassen sollen: die Habsucht und den Zorn, die elende Lügerei, das dauernde Absichern der eigenen Bequemlichkeit. Stattdessen sollen Freundlichkeit, Wahrhaftigkeit, tätiges Dasein für andere in unseren Alltag einziehen. Neues Leben inmitten einer alternden Welt. Denkt euch das mal, was das für ein Ostern wird: neues Leben in die alten Liebesbeziehungen. Neues Leben in das Miteinander in der Firma. Neues Leben in die alten Institutionen – Ostern macht

Mut zum Gehorsam, nicht zum Herummäkeln am Alten, sondern zum Ärmelaufkrempeln und Mitmachen. Ihr Lieben, lasst es euch sagen: Der Herr lebt, und mit seinem Osterfest ist euch Ostern geschenkt, ein neues Leben. Nehmt doch an, was euch in der Taufe widerfahren ist. So kommt der Ostermut in euer Leben.

3. Jesu Auferweckung bringt uns den Ostertrost

Ach ja, seufzt da der eine oder andere, ich bin doch trotzdem immer noch derselbe alte Adam und dieselbe olle Eva. Nicht den Bequemen, aber denen, die über sich weinen und traurig sind, sagt der Apostel noch den Ostertrost: Euer Leben, sagt er, ist noch verborgen. Es ist ein Geheimnis. Ihr tragt es nicht wie die neue Jacke von P&C. Euer Leben ist verborgen, aufbewahrt bei CHRISTUS. Ihr seid sozusagen noch nicht Schmetterlinge, sondern erst Raupen. Man kann noch gar nicht richtig sehen, was ihr einmal sein werdet. Vor Augen ist nur ein Teil der Wahrheit. Was ihr in Wahrheit seid, das sieht nur der Herr. Aber wenn er wiederkommt, dann werdet ihr euch kennen lernen! Dann wird die Decke weggezogen und ihr werdet sehen, was ihr seit Ostern zutiefst schon seid.
Der alte Bibelausleger Bengel sagte: „Die Welt kennt weder CHRISTUS noch die Christen, und auch die Christen kennen sich selbst noch nicht wirklich." – Das ist der Ostertrost: Wenn wir wieder ganz unzufrieden mit uns sind und Tränen über uns vergießen und unversöhnt auf uns selbst einschlagen, dann sagt uns der Ostertrost: Wer du wirklich bist, mein Kind, das sagt dir nicht deine Leistung, aber auch nicht dein Versagen; das zeigt dir nicht das Lob der anderen, aber auch nicht ihre beißende Kritik; das zeigt dir nicht, was du aus dir gemacht hast, aber auch nicht all die unwiederbringlich verpassten Chancen, denen du nachtrauerst; das offenbart dir nicht dein Frommsein, aber auch nicht deine Sünde – wer du, mein Kind, bist, liegt nicht an deinem Konto und dem schicken Haus, aber auch nicht an den Schulden und der Bruchbude, in der du haust. Dein wahres, dein österliches Wesen wird erst offenbar, wenn CHRISTUS es veröffentlicht. Dann wirst du Bauklötze staunen über dich, dann wirst du strahlen, dann wirst du glühen vor Stolz. Das ist der Tag, an dem es heißt: Der Herr ist auferstanden – und keiner verweigert mehr die Antwort: Er ist wahrhaftig auferstanden! Aber bis dahin ist das neue Leben verborgen bei CHRISTUS wie die Ostereier hinterm Strauch.
Ihr Lieben, nehmt doch an, was euch in eurer Taufe geschenkt ist, so kommt der Ostertrost in euer Leben. Amen.

12 Petri Heil. Die Fischergeschichte

Ev. Kirchengemeinde Weitenhagen, Landesältestentag der Pommerschen Evangelischen Kirche, 14.9.1996 – Lukas 5,1-11

1 Es begab sich aber, als sich die Menge zu ihm drängte, um das Wort Gottes zu hören, da stand er am See Genezareth 2 und sah zwei Boote am Ufer liegen; die Fischer aber waren ausgestiegen und wuschen ihre Netze. 3 Da stieg er in eines der Boote, das Simon gehörte, und bat ihn, ein wenig vom Land wegzufahren. Und er setzte sich und lehrte die Menge vom Boot aus. 4 Und als er aufgehört hatte zu reden, sprach er zu Simon: Fahre hinaus, wo es tief ist, und werft eure Netze zum Fang aus! 5 Und Simon antwortete und sprach: Meister, wir haben die ganze Nacht gearbeitet und nichts gefangen; aber auf dein Wort hin will ich die Netze auswerfen. 6 Und als sie das taten, fingen sie eine große Menge Fische, und ihre Netze begannen zu reißen. 7 Und sie winkten ihren Gefährten, die im anderen Boot waren, sie sollten kommen und mit ihnen ziehen. Und sie kamen und füllten beide Boote voll, so dass sie fast sanken. 8 Als das Simon Petrus sah, fiel er Jesus zu Füßen und sprach: Herr, geh weg von mir! Ich bin ein sündiger Mensch. 9 Denn ein Schrecken hatte ihn erfasst und alle, die bei ihm waren, über diesen Fang, den sie miteinander getan hatten, 10 ebenso auch Jakobus und Johannes, die Söhne des Zebedäus, Simons Gefährten. Und Jesus sprach zu Simon: Fürchte dich nicht! Von nun an wirst du Menschen fangen. 11 Und sie brachten die Boote ans Land und verließen alles und folgten ihm nach.

Liebe Gemeinde!
In der letzten Woche war es in der ZEIT zu lesen: Fischer sind erfinderische Menschen. Notgedrungen sind sie das. Sicherheit hat es für sie nie gegeben. Dass sie manchmal mit leeren Netzen nach Hause kommen, das gehört zu ihrem Geschäft. Dann müssen sie sich anders behelfen. Darum sind Fischer auch offen für ungewöhnliche Ideen. Anlass für diese Einsichten: Norwegische Fischer hatten jetzt die Idee, die Ölbohrinsel Brent Spar, berühmt-berüchtigt durch den Streit zwischen Shell und Greenpeace, in der Nähe der Lofoten zu versenken und dort Fischkolonien anzusiedeln. Sie würden dort prächtig gedeihen, denken die norwegischen Fischer. Versenkte Wracks sind ideale Biotope, und die krisengeschüttelten Fischer hoffen auf größere Bestände und volle Netze.

Fischer sind erfinderische Leute; notgedrungen sind sie offen für ungewöhnliche Vorschläge, damit sie nicht wieder mit leeren Netzen nach Hause kommen. So etwas wird auch schon in der Bibel erzählt. SIMON, später als PETRUS besser bekannt, kam mit leeren Netzen nach Hause, auch er öffnete sich einem ungewöhnlichen Vorschlag. Aber in seiner Geschichte geht es um sehr viel mehr: sie ist nicht nur ein weiterer Beweis für die berufliche Wendigkeit und den Erfindungsreichtum der Fischer. Die Geschichte des Fischers SIMON aus Kapernaum ist die Geschichte eines Menschen, der von JESUS Schritt für Schritt verändert wurde. Am Ende wurde aus ihm ja nicht ein besserer Fischer, ein erfolgreicher Unternehmer. Am Ende wurde aus ihm ein Jünger, ein Mitarbeiter JESU, ein Zeuge des Evangeliums. Was ihm mit seinen leeren Netzen und seinen Schiffen widerfuhr, wurde zum Gleichnis, zu einem Gleichnis dafür, wie JESUS Mitarbeiter beruft und prägt, wie er mit Menschen umgeht, die in seiner Gemeinde Verantwortung übernehmen. Eine Geschichte für Älteste, die Gemeinde bauen wollen.
Ich möchte diese Geschichte nun nachzeichnen. Fünf Schritte geht JESUS mit SIMON – fünf Schritte, die ich mit Ihnen jetzt nachgehen möchte.

1. Schritt: Wie ein Fischerboot zur Kanzel wird

JESUS kam zum See Genezareth, und es war wie immer in jenen Tagen: Massen, Massen von Menschen strömten zusammen, um ihn zu hören. Er redete so ganz anders als die Frommen seiner Zeit. Er redete so, dass jeder die Gegenwart Gottes spürte und sich im Herzen angeredet wusste. Er redete so, dass man sich nicht entziehen konnte und sein Leben plötzlich im Licht der Liebe Gottes sah. So redete JESUS, und darum wollten alle ihn hören.
Das ist das erste Bild in unserer Geschichte: Menschenmassen, die zusammenströmen, um ein paar Worte des großen Predigers aufzuschnappen.
Daneben ein ganz anderes Bild: Fischer, die ihre Netze waschen. Es scheint sie nicht die Bohne zu kümmern, dass JESUS da steht, einen Steinwurf weit entfernt, und predigt. Sie sind mit ihrer Arbeit beschäftigt. Sie sitzen in der Morgensonne und waschen ihre Netze. Für Reden haben sie weder Zeit noch Interesse.
Da verknüpft JESUS diese beiden Szenen plötzlich zu einer einzigen. Auf SIMON geht er zu, als hätte er ihn immer schon im Blick gehabt. SIMON, sagt er, ich kann so nicht predigen. Kannst du mich nicht mit deinem Boot ein Stückchen aufs Wasser rausfahren? SIMON, du hast etwas, was ich jetzt brauche: dein Boot – als meine Kanzel.

Also nicht: SIMON, komm und hör mir doch auch zu. Nicht: SIMON, du brauchst mich. Nein, ganz anders: Ich brauche dich, SIMON, dich und dein schönes Boot. Ob SIMON fromm war, wissen wir nicht. Ob er JESUS mochte oder nicht, erfahren wir nicht. Seine Glaubensgeschichte beginnt damit, dass JESUS sein Boot erbittet, weil er es braucht. Mehr ist da nicht! So geht es los!

So kann das anfangen: Da stellt einer etwas zur Verfügung, was er hat und was er kann. Da bringt sich einer ein in der Gemeinde, weil er etwas vom Bauen versteht und weil er helfen will, dass die Kirche nicht verfällt. Da bringt sich einer ein in die Gemeinde, weil er mit Geld umgehen kann und genau das gerade im Gemeindekirchenrat gebraucht wird. Da investiert einer seine Zeit, weil sein Kind im Kindergarten ist und er um Mithilfe gebeten wurde. Vom Glauben ist da noch nicht die Rede. Da geht es nicht um das, was mir fehlt und was der Glaube mir bieten könnte. Nein, es beginnt damit, dass die Gemeinde JESU meine Stärken einsetzen kann.

DIETRICH BONHOEFFER hat uns gewarnt, die Menschen immer nur an den Grenzen ihres Lebens anzusprechen, bei ihren Problemen und Nöten, bei ihren Defiziten. In der Mitte ihres Lebens sollen sie angesprochen werden, in ihren Stärken und Fähigkeiten, in dem, was sie sind und haben, nicht als Empfänger milder Gaben, sondern als Begabte, die gebraucht werden. Du, SIMON, sagt JESUS, dich brauche ich jetzt. Dein Boot als meine Kanzel.

Und SIMON weigert sich nicht. So kann er in Kontakt mit JESUS kommen, ohne frömmlerisch zu wirken, ohne sich bloßzustellen vor seinen Kollegen.

Vielleicht begann es so bei manchem von uns. Vielleicht steht der eine oder die andere genau an diesem Punkt. Ich denke, für die, die Gemeinde bauen wollen, ist das auch ein erster Hinweis: Lasst uns doch die Menschen bei dem ansprechen, wo sie stark sind und wo ihre Gaben und Fähigkeiten gebraucht und gewürdigt werden. Ich habe den Eindruck, dass gerade Männer so erreicht werden, mit denen wir uns sonst schwer tun und die sich mit uns schwer tun.

2. Schritt: Wie ein Enttäuschter sich aussprechen darf

Von JESU Predigt erfahren wir nichts. Interessant ist nur, wie es mit ihm und SIMON weiterging. Ein herzliches Dankeschön, ein warmer Händedruck, ein Einkauf aus Dankbarkeit bei SIMONS Stand auf dem Markt? Nein, es geht ganz anders weiter.

Am Ende, als die Menge sich wieder zerstreute, sagt JESUS: So, SIMON, jetzt bist du dran. Fahr noch einmal raus ins Tiefe und wirf die Netze aus.

Fischer sind erfinderische Leute, das hörten wir ja, aber was zu viel ist, ist zu viel! Ich stelle mir SIMON vor, wie es in ihm denkt: O.k., Prediger, vom Reden verstehst du etwas, vom Fischen aber verstehe ich etwas, und erstens fischt man nicht am Tag, sondern in der Nacht, zweitens fischt man im Flachen und nicht im Tiefen, und drittens haben wir doch schon eine Nachtschicht hinter uns. Und überhaupt, die Männer sind müde, also mit mir nicht.
SIMON hat den Mut, sich bei JESUS auszusprechen. SIMON kann es aussprechen: Wir sind so müde, Herr. Schau mal: Eine ganze Nacht waren wir draußen und das Ergebnis ist gleich Null. Da hören wir die Erschöpfung: Wir haben doch schon alles probiert. Da klingt Enttäuschung mit, Müdigkeit und auch ein bisschen Trotz und Widerstand: Jetzt willst du uns wieder rausschicken. Uns ist jetzt nicht nach Fischen, JESUS, uns ist nach Rückzug, nach frischen Klamotten, nach einem warmen Bett. Wir können nicht mehr, JESUS. Er darf es aussprechen. Er muss nicht so tun, als ob. Als ob alles nicht so schlimm wäre. Nein, es war furchtbar. JESUS, das musst du dir anhören, wie es uns ergangen ist. Und JESUS hört es sich an, ohne Tadel. Wir haben die Nase voll, JESUS.
Ihr Lieben, das tröstet mich: SIMON darf das aussprechen. Er muss nicht die vergebliche Liebesmühe noch irgendwie zum Erfolg herumbiegen. Es war so schlimm, JESUS! Die Mitarbeiter und Mitarbeiterinnen JESU dürfen nach Hause kommen und sagen: Heute war es wieder einmal gar nichts. Sie müssen die Lage nicht schönreden. Sie müssen die Enttäuschung über die Wenigen, die kommen, nicht herunterschlucken. Sie müssen die Sorge um das Überleben der eigenen Gemeinde nicht fromm verkleistern. Sie müssen nicht die Randlage der Kirche zum Glaubensgut hochstilisieren, weil nun einmal die wahre Gemeinde JESU doch immer klein und schwach gewesen sei. Herr JESUS, wir haben geackert, und am Ende waren die Netze leer.

3. Schritt: Wie vorsichtiges Vertrauen entsteht

„Aber auf dein Wort hin!“ SIMON hat JESUS gehört. Und dieses Wort ist ihm ins Herz gesunken. Und er hat gesehen, was JESUS mit seinem Wort so alles anstellt. Da sind Kranke von ihrem Lager aufgestanden – nicht alle, aber doch einige. Da sind Gebundene frei geworden – nicht alle, aber doch etliche in Kapernaum. Da sind Menschen zusammengeströmt und am Ende rufen sie erstaunt und bewegt: Was ist das für ein Wort! Und nun steht er JESUS gegenüber und JESUS spricht ihn an. SIMON will widersprechen, aber da ist plötzlich etwas, das ein bisschen stärker ist als sein Frust. Da wächst etwas Neues in SIMON heran, etwas, über das er vielleicht selbst überrascht gewesen ist. Ich

möchte es „anfängliches Vertrauen“ nennen: das Wort JESU, das sagt: Komm, wirf die Netze aus!
Was geschieht hier? Kein trotziges Dennoch, kein Mut der Verzweiflung, nur ein Wort, aber ein Wort, das verrückt macht. PETRUS, der erfahrene Fischer und nüchterne Rechner, er tut das völlig Verrückte: mitten am Tag fährt er hinaus. Er riskiert die Lächerlichkeit im Kreis seiner Kollegen. Er riskiert es, seine müden Mitarbeiter wieder zu enttäuschen, aber er riskiert es, weil er JESUS zugehört hat.
Merkt ihr, wie einsam der SIMON dabei ist? Merkt ihr das? Er sagt zuerst „wir“: „Wir haben gearbeitet, wir haben nichts gefangen.“ Aber jetzt steht er ganz allein vor JESUS, und sie schauen sich an, und SIMON kann nur noch „ich“ sagen: „... auf dein Wort hin werfe ich die Netze aus.“
Das ist dieses anfängliche Vertrauen, ihr Lieben! Das ist Glaube: JESUS spricht, und ich darf meine Zweifel sagen, und dann wird etwas anderes plötzlich ein ganz klein wenig stärker, und ich gehe los: „... auf dein Wort hin.“ Das ist ein vertrauender Gehorsam oder ein gehorsames Vertrauen. Das ist ein Sich-Einlassen auf das, was man noch nicht sieht – so nennt es der Hebräerbrief. Das ist Glaube.
Herr, wir sind so müde, und wir haben nichts gefangen, aber weil du es sagst, gehen wir noch einmal los.
Aber Vorsicht, ihr Lieben: Wir singen jetzt nicht das Loblied des frommen Glaubens. Wir müssen schon richtig betonen: „... auf *dein* Wort hin.“ Es ist nicht das heroische Dennoch eines heldenhaften Glaubens. Nein, es ist so, wie es PETRUS erzählt hat: JESUS spricht, und wenn er spricht, dann werden die müden Hände rührig und die trägen Herzen fröhlich und der leere Kopf klar und der schwache Glaube lebendig. An uns ist es, immer wieder auf sein Wort zu warten und zu merken, mehr nicht.
Auf dein Wort hin – auch wenn ich nur leere Netze sehe und keinen Pfifferling mehr geben möchte auf diese Kirche, aber weil du mich jetzt heute neu beauftragst, JESUS, will ich in dieser Kirche treu mitarbeiten und Hoffnung haben. Auch wenn mich so vieles müde macht in meiner Gemeinde, so viel Stress und so viel menschliche Mittelmäßigkeit, so viel Beziehungsquark und Kleinkram, will ich die Netze wieder auswerfen an meiner kleinen Stelle, damit Menschen JESUS kennen lernen und bei ihm bleiben lernen. Auf dein Wort hin.
Das Vertrauen ohne die Nüchternheit wird schwärmerisch, aber die Nüchternheit ohne das Vertrauen wird verzweifelt und mutlos. Ich hatte im letzten Semester Streit im Seminar: Da saßen Studenten, die sahen nur noch die Zahlen. Jetzt haben wir noch soundso viele Pfarrstellen; in fünf Jahren sind es

weniger und in zehn Jahren noch weniger und so weiter. Sie sahen nicht mehr, dass JESUS seine Kirche nicht im Stich lässt. Sie sahen nicht mehr, dass Gott Tote erwecken kann. Sie sahen nicht mehr, dass etwas Neues aufblühen kann, gerade da, wo alles nach Wüste und nicht nach blühenden Landschaften aussieht.

Für Älteste ist das entscheidend: vor JESUS nüchterne Bilanz ziehen, aber dann auf sein Wort hören und es nachsprechen, vielleicht mit Zweifel und Sorge, aber es nachsprechen: Auf dein Wort hin will ich weitermachen und glauben, dass lebendige Gemeinden in Pommern erwachsen werden.

4. Schritt: Wie einer endlich ehrlich wird

Der Rest ist schnell erzählt: SIMON macht einen überwältigenden Fischzug. Er hätte jubeln müssen. Sein Platz in der Chronik der Fischereigenossenschaft war gesichert; an Geld fehlte es nicht mehr, und die Geschichte verbreitete sich damals schnell: „Der junge Mann und das Meer“. Aber er hat das Gefühl, einer Hochspannungsleitung zu nahe gekommen zu sein. Er weiß plötzlich: Dieser JESUS und ich, wir passen nicht zusammen. „Geh weg von mir, Herr, denn ich bin ein sündiger Mensch!“ Gerade die Freundlichkeit Gottes bringt es ans Licht: So ist er, und so bin ich, und das passt nicht zusammen.

Noch einmal spricht sich SIMON aus, aber jetzt geht es nicht um die Enttäuschungen im Berufsleben, jetzt geht es um letzte Dinge. SIMON merkt, wem er hier begegnet. Es ist, als ob sein ganzes Leben plötzlich wie bei einer Computertomographie Schicht für Schicht durchleuchtet würde: seine Gedanken, seine Gefühle, sein Taten und Untaten, seine Absichten, die geheimsten Regungen seines Willens. Und es ist so, dass SIMON deutlich wird: vor Gottes Angesicht muss es am Ende heißen: „gewogen und für zu leicht befunden“. Deshalb nimmt er das Urteil gleichsam vorweg; es kann nur heißen: SIMON und JESUS, das geht nicht miteinander. Das muss getrennt werden. Also: Geh weg von mir, mit einem wie mir kannst du nichts zu schaffen haben.

Aber das ist nun das eigentliche Wunder in dieser Erzählung: JESUS geht nicht. Wie reagiert er auf das Angebot, sich zu entfernen? Er zieht den SIMON nur noch enger zu sich. Fürchte dich nicht, sagt er, deine Schuld soll uns nicht mehr trennen. Er sagt nicht: Schwamm drüber! Er sagt nicht: So schlimm war es doch gar nicht! Er spricht dem SIMON zu: Fürchte dich nicht!

Ihr Lieben, das ist so: Man kann nicht in die Nähe JESU geraten, ohne dass irgendwann auch die Tiefen unseres Lebens aufgedeckt werden. Das gehört zu dem Weg, den JESUS mit uns geht. Und wenn wir das so nicht erlebt haben,

sind wir vielleicht JESUS noch gar nicht begegnet, sondern nur der religiösen Institution Kirche. Nicht, dass wir etwas besonders Schlimmes angestellt haben müssen. Aber wie es aussieht zwischen dem lebendigen Gott und uns, das wird offenbar: wie auch bei einem hochanständigen Leben Rebellion da ist gegen Gott und sein Gebot; wie Gleichgültigkeit und Kälte gegenüber Gottes Liebe in uns regieren – und wie uns auch unsere Nächsten kalt lassen. „Ich bin ein sündiger Mensch“, das wird ganz nüchtern deutlich, wenn wir in JESU Nähe geraten.
Aber noch viel wichtiger ist es, wie JESUS dann mit uns verfährt: Er schickt uns nicht weg; er stiehlt sich nicht fort aus unserem Leben. Er zieht uns umso näher zu sich. Er vergibt uns, dass uns das Herz aufgeht.
Ich glaube, dass das auch im Blick auf den Aufbau unserer Gemeinden wichtig ist: Christen wissen um einen einzigartigen Umgang mit Schuld, auch mit der Schuld unserer Geschichte: sie wird vor den Augen JESU nicht geleugnet. Sie wird ganz deutlich. Aber unter ihr muss niemand mehr zusammenbrechen. Sie kann bekannt und vergeben werden. Das Geschehene wird dadurch nicht ungeschehen. Die Folgen können immer noch schmerzhaft sein. Aber die Schuld, die bekannt und vergeben wurde, verliert ihren mörderischen Stachel: sie muss uns nicht mehr zerstören, uns selbst nicht in unserem Selbstwertgefühl, unsere belasteten Beziehungen nicht mehr, unseren Glauben nicht mehr, unsere Hoffnung auf eine Erneuerung unseres Landes nicht mehr.
Und schließlich:

5. Schritt: Wie einer zum Menschenfischer wird

Eine Gleichnishandlung ist diese Geschichte. Fischers Fritz fängt nicht mehr frische Fische, sondern Menschen soll er fischen. Ein anstößiges Wort. Es klingt nach Rattenfänger von Hameln. Es erinnert mich an ein „Forellenessen in der Fränkischen Schweiz“: Hammer über den Kopf, ausnehmen, kochen, genüsslich verspeisen. Netze auswerfen und Menschen fangen, da fallen uns vielleicht Jugendsekten ein und deren Lockmethoden!
So dachte ich, bis ich in den griechischen Text schaute: Hier steht ein Wort, das nur im NT vorkommt. Es bedeutet: lebendig fangen. Oder: zum Leben erneuern. Ein ganz anderes Netz auswerfen! Wenn Fische ins Netz gehen, dann bedeutet das für sie den Kochtopf. Da ist der Tod im Topf. Wenn Menschen in das Netz JESU gehen, werden sie zum Leben erneuert, gerettet. Im Fernsehen konnte man kürzlich verfolgen, wie südafrikanische Wildhüter Flamingo-Junge aus einer Trockenzone herausholen, die von Eltern im Stich

gelassen wurden. Sie fangen sie und verfrachten sie dorthin, wo es Wasser gibt und das Überleben möglich wird. Fangen, um aus der Todes- in die Lebenszone zu bringen.
Darum geht es JESUS; darum beruft er den SIMON und seine Freunde. Darum beruft er Prediger und Älteste in seiner Kirche. Dazu sendet er uns in seine Pommersche Kirche. Menschen fischen, die ohne JESUS für Zeit und Ewigkeit verloren wären. Menschen fischen!
Das ist nicht modern, nicht beliebt, das hört mancher nicht so gern bei Kirchens. Das sei Glaubens-Imperialismus, hat ein Ältester in Bielefeld vor ein paar Tagen gesagt. Glaubens-Imperialismus! Aber da ist uns der Kontakt mit dem Wort Gottes verloren gegangen, denn letztlich geht es JESUS um etwas völlig anderes: um dieses Menschenfischen, das Menschen in Kontakt bringt mit der Gemeinde und dem Wort Gottes, nicht damit wir aus vollen Netzen Profit schlagen. Nicht damit es mit der Kirche weitergeht. Es geht um das Suchen Gottes, der es nicht erträgt, wenn Menschen in Pommern verlorengehen mit ihrer Enttäuschung und Müdigkeit, mit ihrer Schuld und Gottlosigkeit, weil sie dem Retter JESUS CHRISTUS nicht begegnet sind.
Wie das geschehen kann, ist unserer Phantasie überlassen – wenn nur Menschen in Kontakt kommen mit dem Wort Gottes! Aber Fischer sind ja erfinderische Leute. Sie kommen sogar auf die Idee, die Brent Spar als Fischkolonie zu nutzen. Wie sollte da nicht auch den Pommerschen Ältesten und ihren Gemeinden viel einfallen, um Menschen neu in Kontakt zu bringen mit dem Evangelium. Es lohnt sich ja, auf sein Wort hin, trotz aller Enttäuschung. Wer weiß, ob nicht doch eines Tages die Netze zu reißen drohen. Bis dahin: Petri Heil!

13 Ich sage dir: Steh auf!

Kinderzentrum Gilead in Bethel bei Bielefeld, Gottesdienst für die Mitarbeiter der Kinderklinik, 18.4.1995 – Markus 5,21-24.35-43

21 Und als Jesus wieder herübergefahren war im Boot, versammelte sich eine große Menge bei ihm, und er war am See. 22 Da kam einer von den Vorstehern der Synagoge, mit Namen Jaïrus. Und als er Jesus sah, fiel er ihm zu Füßen 23 und bat ihn sehr und sprach: Meine Tochter liegt in den letzten Zügen; komm doch und lege deine Hände auf sie, damit sie gesund werde und lebe. 24 Und er ging hin mit ihm. Und es folgte ihm eine große Menge, und sie umdrängten ihn. [...] 35 Als er noch so redete, kamen einige aus dem Hause des Vorstehers der Synagoge und sprachen: Deine Tochter ist gestorben; was bemühst du weiter den Meister? 36 Jesus aber hörte mit an, was gesagt wurde, und sprach zu dem Vorsteher: Fürchte dich nicht, glaube nur! 37 Und er ließ niemanden mit sich gehen als Petrus und Jakobus und Johannes, den Bruder des Jakobus. 38 Und sie kamen in das Haus des Vorstehers, und er sah das Getümmel, und wie sehr sie weinten und heulten. 39 Und er ging hinein und sprach zu ihnen: Was lärmt und weint ihr? Das Kind ist nicht gestorben, sondern es schläft. 40 Und sie verlachten ihn. Er aber trieb sie alle hinaus und nahm mit sich den Vater des Kindes und die Mutter und die bei ihm waren, und ging hinein, wo das Kind lag, 41 und ergriff das Kind bei der Hand und sprach zu ihm: Talita kum! – das heißt übersetzt: Mädchen, ich sage dir, steh auf! 42 Und sogleich stand das Mädchen auf und ging umher; es war aber zwölf Jahre alt. Und sie entsetzten sich sogleich über die Maßen. 43 Und er gebot ihnen streng, dass es niemand wissen sollte, und sagte, sie sollten ihr zu essen geben.

Liebe Gemeinde in der Kinderklinik!
Als LEONORA vor wenigen Wochen auf der Station 1 lag und immer deutlicher wurde, dass ihre schwere Grunderkrankung in Verbindung mit einem Virusinfekt für sie tödlich sein würde, ging mir in der Begleitung dieser Familie unsere Geschichte von JAIRUS und seiner kleinen Tochter nicht aus dem Sinn. LEONORAS Eltern sind aramäische Christen. Der Kontakt zu ihnen gelang sofort. Sie waren in großer Sorge um ihr kleines Mädchen, das sie so überraschend bekommen hatten, nachdem alle Ärzte einstimmig eine Schwangerschaft der Mutter ausgeschlossen hatten. LEONORA war für ihre Eltern ein Gottesgeschenk. Nach neun Monaten wurde eine schwere und nicht heilbare Stoff-

wechselstörung festgestellt; nach 18 Monaten lag LEONORA auf Station 1. Nach zwei Tagen vermuteten die Ärzte, sie sei hirntot.
Die Eltern verdrängten das Schwere nicht. Aber sie baten um Gebet für ihr Kind. JESUS, der Heiland und Arzt, kann doch noch helfen. Nach uralter Sitte der Christenheit haben wir LEONORA gesalbt, ihr die Hände aufgelegt und für sie gebetet. Du, JESUS, kannst doch noch helfen. Die Geschichte von der Tochter des JAIRUS ging mir nicht aus dem Kopf. Jenes Mädchen in Kapernaum war auch tot, und JESUS hat doch neues Leben geschenkt. Zweifel und Hoffnung waren in meinem Herzen.
JESUS hat nicht mehr eingegriffen. LEONORA war hirntot. Die Maschinen wurden abgestellt – LEONORAS Leben endete. Ich bin überzeugt, dass sie nun in der Geborgenheit bei Gott ruht und auf den großen Tag der Auferstehung wartet, den Tag, an dem sie einen neuen und gesunden Leib bekommen und mit den Ihren wieder vereinigt werden wird.
Aber dennoch blieb da ein Stachel mit dieser Geschichte von der Tochter des JAIRUS und der Tochter der Familie von LEONORA. Der Zusammenstoß dieser beiden Geschichten wurde zur Anfechtung.
Es sind vier Akzente, die JESUS hier setzt. Vier Akzente, die ich kurz nachzeichnen möchte für uns, die wir immer wieder mit dem Sterben von Kindern konfrontiert werden, durch das Sterben von Kindern und das Leid der Eltern und Geschwister auch selbst verletzt, traurig gemacht und in unserem Glauben angefochten werden.

1. Jairus bittet nicht vergebens

Da ist ein Vater in größter Not: Sein Kind ist nicht nur krank, sehr schwer krank, nein, es liegt schon in den letzten Zügen. Vielleicht schnappt sie nur noch nach Atem, ist bewusstlos, nicht mehr erreichbar für den Anruf der Eltern. Vielleicht war sie sein einziges Kind. Und nun drohte sie zu sterben, mit zwölf Jahren, also an der Schwelle zwischen dem Alter eines Kindes und dem Alter einer im Orient heiratsfähigen Frau. Das ist ein Unglück, das mit nichts zu vergleichen ist.
Und da kommt gerade noch rechtzeitig JESUS mit dem Schiff in Kapernaum an. JAIRUS wirft sich nieder vor ihm. Wenn einer noch helfen kann, dann du. Es ist eine Mischung aus Verzweiflung und Hoffnung, aus Ehrerbietung und demütigem Hilfeschrei, dass sich der vornehme Synagogenvorsteher vor dem Zimmermann aus Nazareth in den Staub wirft. Es ist die Suche nach der Alternative, wenn der Arzt nicht mehr helfen kann. Es ist die Ohnmacht der Eltern,

die ein Leben lang für ihr Kind sorgen konnten, es schützen, nähren, fördern und leiten konnten, und die jetzt in tiefer Ohnmacht zusehen müssen, wie ihr Kind verfällt. Nichts tun können, das ist eine schreckliche Verletzung.

JESUS, wirst du mitkommen? JAIRUS bittet also um Geleit; er will nicht allein bleiben. JESUS, lege die Hände auf sie. JAIRUS bittet um eine zeichenhafte Handlung der Zuwendung und Hilfe; es soll nichts unversucht bleiben. JESUS, wirst du sie heilen? Ich staune über das verzweifelte Zutrauen des Vaters.

„Und er ging mit ihnen." Wie wichtig, mitzugehen und Zeichen des Glaubens zu setzen! Das ist Seelsorge. Dabeibleiben, Zuwendung geben, den Blick gemeinsam auf Gott richten. Das wäre unser größter Dienst. Ob dafür noch Zeit ist in Gilead 2000?

Und er ging mit ihnen. JESUS lässt sich hereinbitten. Er sagt nicht: Da ist nichts mehr zu machen. Er sagt nicht: Dafür bin ich nicht zuständig. Er distanziert sich nicht: Es ist doch nur ein Kind. Er geht schweigend mit. JESUS verweigert sich nicht, wenn wir ihn hineinrufen und hineinbitten in die Not eines schwer kranken Kindes und seiner Familie. Unsere Geschichte sieht das übrigens ganz modern: Das Kind und die Seinen sind im Blick, nicht nur der organische Befund des kleinen Patienten. JESUS verweigert sich nicht. Wenn wir ihn hereinrufen, tritt er in unsere Krankenzimmer, begleitet uns in die 113 und auf die 2 und auf die 8 und wohin auch immer. JESUS kommt auch in aussichtslose Verhältnisse.

2. Und doch wird der Glaube enttäuscht

Wie nüchtern wird das erzählt: Der eine Zug der Hoffenden begegnet dem anderen Zug der Wissenden – JESUS kommt zu spät. Und auch der Vater kommt zu spät. JESUS kommt zu spät, um zu helfen, und der Vater kommt zu spät; nicht einmal auf seinem Arm kann dieses Kind sterben. Es ist tot.

Kein Wort sagt JAIRUS. Er ist wie verschwunden, wie versteinert. Stumm. JAIRUS verstummt und fällt in sich zusammen.

Die Menschen in seiner Umgebung reden auf ihn ein: Lass doch JESUS gehen. Er ist jetzt auch zu nichts mehr nütze. Was soll er jetzt noch hier? Es klingt fürsorglich: Was bemühst du den Meister? Es ist aber Sprache des Unglaubens: Seht doch, alles Beten und Händeauflegen und Glauben und Begleiten nützt doch nichts. „Sehen Sie, Herr Pastor, Ihr Beten hat auch nichts geholfen." Lasst doch den JESUS beiseite; was nützt er schon noch? Das ist jetzt Konsens: Nun kann man nichts mehr machen.

Da spricht JESUS zum ersten Mal, in die Todesnachricht hinein: Du, gerade jetzt lass dein Vertrauen nicht fallen. Gerade jetzt halte fest am Glauben, wo es so aussichtslos erscheint. Es kostet viel Mut, am Bett eines sterbenden Kindes noch werbend, einladend und ermutigend vom Glauben an Gott zu sprechen. Es zerfällt einem jedes schnelle Wort vom Glauben wie ein modriger Pilz im Mund. Es ist tiefe Anfechtung, wenn ein Kind stirbt. Was ist jetzt JESUS noch nütze?

3. Jesus verhält sich seltsam gegenüber der Trauer

Die Menschen in der Umgebung des JAIRUS wissen zu trauern. Sie laufen nicht auseinander und fliehen nicht vor dem Anblick des toten Kindes. Sie geben dem Vater Geleit. Sie brechen das Verstummen und die Versteinerung auf und klagen. Sie geben den Gefühlen Raum. Sie lassen die Tränen fließen. Sie lassen die Klageworte hervorbrechen und finden Sprache für das Unaussprechliche. Sie fressen das Zerstörerische nicht in sich hinein, sondern lärmen, heulen und klagen. Sie verschleiern nicht den Tod mit schönen Worten, sondern sagen es frei heraus: Sie ist tot. Sie machen eigentlich alles richtig.
Aber JESUS verhält sich seltsam. Er treibt die Menschen raus. Er unterbindet das Klagen. Er findet merkwürdige Worte, benutzt das gefährliche, verharmlosende Bild vom Schlaf. Er scheint die Wahrnehmung der Realität verhindern zu wollen, die so wichtig ist für den Beginn der Trauer. Das Kind ist nicht gestorben, es schläft nur. Nein, JESUS, hier irrst du, sie ist tot. Endgültig. Die Trauernden in ihrem Gefühlschaos lachen ihn aus. Wie nahe sind sich Heulen und Auslachen! Haben sie nicht Recht? Muss man JESUS nicht verlachen, mehr noch: ihn kritisieren?
Aus der Sicht eines geübten Sterbe- und Trauerbegleiters ist JESU Verhalten anstößig und schlicht falsch. So macht man das gerade nicht. Wären wir nun rechte Fundamentalisten, müsste uns das richtig anfechten, denn dieses Verhalten könnten wir kaum als Handlungsanweisung für unser Tun in diesem Haus ansehen. Aber dann hätten wir die Geschichte auch falsch verstanden. Wir müssen bei jeder biblischen Geschichte auch fragen, inwiefern sie gilt, wo sie also Vorbildlichkeit beansprucht und wo sie gerade das nicht tut, weil sie Außergewöhnliches erzählt. Und unsere Geschichte ist eine Geschichte vom Außergewöhnlichen, vom Ostern vor Ostern. Sie erzählt vorausgreifend, was noch nicht ist.

4. Das Ostern vor Ostern

JESUS nimmt Vater und Mutter – endlich wird sie auch erwähnt – und drei seiner Freunde mit sich. Sie finden sich allein ein im Zimmer des toten

Mädchens. Er übernimmt also die Führung und stellt sich mit den Eltern dem Anblick des toten Kindes. Jetzt stimmt uns sein Verhalten fast schon wieder versöhnlicher. Da ergreift er aber die Hand des Mädchens und tut das Unausdenkliche: *Talita kum*; Mädchen, steh auf. Und sogleich steht sie wiedererweckt und gesund auf und geht umher.
Er spricht und sogleich geschieht es. Das sind die entscheidenden Sätze. Es ist nicht die Sprache des jahrmarktsreifen Zaubers, des publikumswirksamen Mirakels, es ist die Sprache der Schöpfungsgeschichte. Gott spricht: Es werde Licht – und es ward Licht. So auch hier! JESUS spricht: Steh auf – und sie steht auf. Im 33. Psalm heißt es: „Wenn er spricht, so geschieht's; wenn er gebietet, so steht's da."
JESUS tut etwas, was Zeit und Raum sprengt; er tut etwas, das die Grenzen des Todes sprengt und ein Vorspiel der neuen Schöpfung bietet: Er weist den Tod in seine Schranken und führt das Leben zum Sieg. Nicht, dass dieses Kind nur scheintot gewesen wäre; JESUS erweist sich nicht als geschickter Reanimateur. Sie war tot. JESU Wort, dass sie nur schlafe, ist nicht Verharmlosung ihres Gestorbenseins, es ist vielmehr eine Andeutung des Kommenden: Wenn JESUS da ist, dann schwindet die Macht des allmächtigen Todes auf die Qualität eines Schlafmittels zurück. Der Tod ist in der Nähe JESU zurückgestutzt zum vorübergehenden Nickerchen. Das ist Ostern.
Die Geschichte von der Auferweckung der Tochter des JAIRUS ist also eine österliche Geschichte; das gilt es nun am Schluss mit einigen Sätzen präziser noch zu sagen:
1. Diese Geschichte ist also zu beziehen auf die Auferstehung JESU. Weil JESUS am Ostermorgen selbst und leibhaftig auferstanden ist, hat er diese Macht. Und dass er diese Macht haben wird, deutet er an in diesem Machterweis gegenüber dem Tod. Nichts Übertragenes, Uneigentliches geschieht hier, sondern der Triumph Gottes über den schlimmsten und letzten Feind, den Tod.
2. Diese Geschichte ist zu beziehen auf JESU irdisches Handeln, auf die Zeichen, die er gesetzt hat für das kommende Reich, und ist darum auch keine vorbildliche Geschichte in dem Sinne, dass wir sie beliebig wiederholen könnten. Wir erleben, wie Kinder sterben und auch im Tod bleiben müssen. Keine Klage und kein Glauben holt unsere tote LEONORA zurück. Auch wenn es sein kann, dass Gott wunderbar heilt und rettet, durch die Hilfe der Medizin oder an ihr vorbei – wir werden immer auch das andere erleben: dass Kinder sterben müssen.
3. Darum ist diese Geschichte auch nur vorläufig. Die Tochter des JAIRUS wurde auferweckt. Sie mag lange gelebt haben; aber sie musste auch wieder ster-

ben. Das unterscheidet die wenigen Geschichten von Auferweckungen von der einen großen Ostergeschichte: JESUS wurde schon in das neue, ewige Leben vorauserweckt, in dem es kein Sterben und keinen Tod und keine Verwesung mehr gibt.

4. Vorbildlich ist diese Geschichte nur im Blick auf das Reich Gottes: Da wird es so sein. Da wird der Tod alle wieder freigeben müssen. Da wird dem Tod endgültig das Genick gebrochen. Da wird die große Niederlage des Todes vom Ostermorgen die Gräber sprengen. Da werden die Kinder zu neuem, heilem, gesundem und ewigem Leben erwachen, die wir hier mit Schmerz und Tränen aus den Händen geben mussten. Jedes einzelne. Keins ist vergessen bei dem österlichen Sieger.

5. Und darum ist die Geschichte von der Tochter des JAIRUS nicht die Geschichte eines Glückspilzes. Dieses Kind hat nicht einfach Glück gehabt, ein Glück, das LEONORA leider verwehrt blieb. Sie ist vielmehr das Modell: So wie der Tod die Tochter des JAIRUS nicht halten konnte, so wird er auch LEONORA und die anderen nicht halten können. Die Tochter des JAIRUS ist nicht einfach ein Kind, das das bessere Los gezogen hat, an ihr erweist sich vielmehr die österliche Macht JESU, uns zum Trost im Blick auf jedes Kind, das sterben musste. Für mich bleibt der Schmerz des nicht erhörten Gebetes, die Anfechtung des unnatürlichen, schlimmen Todes eines geliebten und umsorgten Kindes. Das alles wird nicht weggetröstet und weggeredet durch diese Geschichte. Aber der Schmerz und die Anfechtung und die Trauer bekommen einen anderen Horizont. An diesem Horizont steht der österliche Herr, der die Tochter des JAIRUS auferwecken konnte und versprochen hat, keinen der Seinen zu vergessen bei der großen Auferweckungs- und Wiedervereinigungsfeier.

14 Segnen ist: die Lok aufs Gleis stellen

Gottesdienst in der Landeskirchlichen Gemeinschaft Greifswald, Sonntag Trinitatis (10.6.2001) – 4. Mose 6,22-27

Das Leben, liebe Gemeinde, ist zuweilen gefährlich. Nach einer neuen Studie haben sich allein im Jahr 1999 fast 6000 Briten beim Umgang mit der eigenen Hose verletzt. Um nur einige dieser namenlosen Schicksale herauszugreifen: Eine junge Frau wollte ihr Beinkleid am Körper bügeln. Ein anderer, ein junger Mann, stieß beim Anziehen der Hose mit dem Kopf krankenhausreif gegen die Wand. Das Leben, liebe Gemeinde, ist zuweilen wirklich gefährlich. Wir wissen das und darum wünschen wir uns Gutes, zum Geburtstag oder zu Beginn eines neuen Jahres. Wir sagen zum Beispiel „Hals- und Beinbruch!". Das ist natürlich nicht wörtlich gemeint; es ist ein alter Aberglaube, dass man lieber nicht ausspricht, was man sich wirklich wünscht. Das könnte Unglück bringen. Also geht man paradox vor und sagt das Gegenteil: „Hals- und Beinbruch!" Übrigens, „Hals- und Beinbruch" ist eine etwas verunglückte lautmalende Übersetzung eines jüdischen Grußes: *„hazlacha weberecha"*, Glück und Segen! – Hals- und Beinbruch? Das Leben ist zuweilen gefährlich!

Fromme Leute erkennt man in diesem gefährlichen Leben ganz einfach: Sie wünschen nicht Hals- und Beinbruch, sie wünschen immerzu Segen. Gesegnetes neues Lebensjahr! Gesegnete Reise! Ein gesegnetes Fest! Auch in Gebeten ist „segnen" wohl statistisch das häufigste Verbum; in Ermangelung konkreterer Aussagen wird einfach gebeten, Gott möge dieses und jenes, jene und diesen – eben segnen! Fragt man nach, kann es verlegen machen: Was ist das eigentlich: Segen? Und wie funktioniert das?

So ganz unwichtig ist das mit dem Segen ja wohl nicht: Kinder werden nicht nur getauft, sondern auch gesegnet. Brautpaare trauen sich erst auf ihren gemeinsamen Lebensweg, wenn sie den Segen bekommen haben. Konfirmanden mögen wenig mitbekommen haben, aber sie ahnen: Das mit dem Segen, das ist wichtig. Und selbst Tote verbuddeln wir nicht einfach, wir segnen sie aus, mit einem Segen entlassen wir sie aus unserer Welt. Wir merken: Das Leben ist zuweilen gefährlich, so etwas wie Segen wär' schon gut. Aber was ist das – und wie funktioniert es?

Das ist mein Thema heute Morgen: der Segen Gottes. Natürlich gibt es an Trinitatis drei Punkte: 1. So geht es! 2. Das gibt es! 3. Trotzdem gilt es!

Dazu einige Sätze aus dem 4. Buch Mose (6,22-27):

22 Und der HERR redete mit Mose und sprach: 23 Sage Aaron und seinen Söhnen und sprich: So sollt ihr sagen zu den Israeliten, wenn ihr sie segnet: 24 Der HERR segne dich und behüte dich; 25 der HERR lasse sein Angesicht leuchten über dir und sei dir gnädig; 26 der HERR hebe sein Angesicht über dich und gebe dir Frieden. 27 Denn ihr sollt meinen Namen auf die Israeliten legen, dass ich sie segne.

1. So geht es!

Es ist ein bisschen wie bei „Stille Post“: Gott sagt dem MOSE – sagt dem AARON – sagt dem Volk! Also Gott sagt dem MOSE, wie der AARON das machen soll mit dem Segen. Es ist so etwas wie eine Gebrauchsanweisung für den Segen. So geht es! So und nicht anders, denn es ist offensichtlich nicht egal, wer was wie macht und sagt. Ich berühre ja heiligen Boden, habe es mit Gott zu tun, das ist mehr als ein Spiel mit dem Feuer.
Es sind seither eigentlich immer drei Dinge zusammengekommen beim Segen: ein Wort, eine Handlung und ein Zeichen.

- Das Wort kennen wir vom Ende des Gottesdienstes: Der Herr segne dich und behüte dich!
- Die Handlung lässt uns spüren, dass etwas Gutes geschieht, darum wird beim Segnen die Hand aufgelegt. Das geht nicht nur über den Verstand, das geht durch den Leib. Und wenn am Ende des Gottesdienstes der Pfarrer die Hände hebt, ist das ein Rest von der Handauflegung.
- Das Zeichen ist das Kreuz. Segnen heißt auf lateinisch *signare*. Segnen heißt, einen Menschen mit dem Kreuz bezeichnen. Gesegnete Menschen sind Gezeichnete. Man pflegte in der Antike scinen Sklaven ein Zeichen auf die Stirn zu schreiben. Das bedeutete: „Der gehört mir.“ Das Kreuzzeichen sagt also: „Der gehört dem Herrn JESUS CHRISTUS.“ Allerdings ist man bei ihm kein Sklave, denn er nennt die Seinen ja seine Freunde.

Das Wort, die Handlung und das Zeichen – so soll man den Segen gebrauchen. MOSE bringt das dem AARON bei. „So sollt ihr“, sagt Gott, „meinen Namen auf das Volk legen.“ Das passiert, wenn ein Mensch einen anderen segnet, ein Vater oder eine Mutter ihr Kind, ein Pfarrer den Täufling, ein Seelsorger den Ratsuchenden. Durch ein Wort, eine Handlung und ein Zeichen wird der Name Gottes auf einen Menschen gelegt. Der Name Gottes im Alten Bund: „Ich werde für dich da sein.“ Der Name Gottes im Neuen Bund: „JESUS, der Retter und Helfer“. Gesegnete Menschen sind also Gezeichnete, sie sind durch den Namen Gottes gezeichnet. Sie tragen diesen Namen wie ein Versprechen: „Ich werde für dich da sein." Sie tragen den Namen als Zusage: „Ich bin dein Helfer und dein Retter, verlass dich darauf!"

Darum ist Segnen etwas anderes als Wünschen. Segnen ist auch etwas anderes als Beten. Wer segnet, der tut etwas, er legt den Namen Gottes wie ein Versprechen auf ein anderes Menschenleben. Wer segnet, tut das in der festen Erwartung, dass nun auch etwas Gutes geschieht. Wer segnet, weiß, dass mit Gott zu rechnen ist. Gott ist nicht schlafen gegangen, er hat sich nicht von uns zurückgezogen, er ist nicht inzwischen pensioniert worden. Er ist da, und er ist brennend an uns interessiert, und er hat alle Kräfte und Mittel, um uns beizustehen. Darum segnen wir und bringen so ein Menschenleben zusammen mit dem Namen Gottes.

Ist Segnen nun schon etwas anderes als Wünschen und auch etwas anderes als Beten, so ist es noch einmal etwas anderes als Zaubern. Beim Zaubern liegt es in der Macht des Zauberers, dass wirklich passiert, was er zaubert. Ein frisches Beispiel dafür stand vor kurzem in der Ostseezeitung. Da ging es um eine „Besprecherin" aus Rostock. Sie habe regen Zulauf, weil sie das Vieh gesund mache und auch manchen Menschen, so hieß es. 8-15 Patienten habe sie jeden Tag. Gefragt, wie das möglich sei, sagte INGEBORG S. aus Toitenwinkel, sie beschwöre mit geheimen Formeln und verfüge über die Kraft, über die göttliche Urenergie. Also: Sie *verfügt*, sie hat sozusagen die Betriebserlaubnis für göttlichen Kraftstoff.

Segnen ist etwas ganz anderes: Wer segnet, verfügt nicht über die Kräfte, die jetzt nötig sind. Er legt nur den Namen Gottes auf einen Menschen. Es bleibt in Gottes Freiheit, was er für einen Menschen tut, wann er es tut und wie er es tut.

Segnen ist nicht wie Zaubern. Es ist eher wie Modelleisenbahnspielen. Bei meiner Märklin H-0 war das so: Ich konnte die Lok nehmen und sie auf die Gleise setzen. Das musste ich auch, sonst wäre nichts passiert. Aber dann musste der Strom fließen, sonst stünde die Lok noch heute da, wo ich sie aufgesetzt habe.

- Segnen heißt: die Lok aufs Gleis setzen.
- Segen ist, wenn die Kraft Gottes fließt.

Warum erzähle ich euch das? Damit es geschieht in diesem gefährlichen Leben. Nun tut es auch. Zum Segnen muss man nicht Pfarrer sein. Segnet die mit euch verbunden sind. Segnet z.B. eure Kinder am Tauftag, am Geburtstag und wenn sie aus dem Haus gehen: „Meinen Segen hast du", sagten die Alten. Legt ihnen die Hand auf, zeichnet ein Kreuz auf ihre Stirn und in ihre Hand und sprecht: „Der Herr segne dich und behüte dich..."

2. Das gibt es!

Auch hier sind aller guten Dinge drei. Dabei durchschreitet der Segen alle Bereiche des Lebens: das Leibliche, die Gottesbeziehung und das Gemeinschaftliche. Die Beziehung zum großen „Du" Gottes wie zum kleinen „du" des Mitmenschen wie zum eigenen Leben.
Der alte Aaronssegen hat drei Strophen:

1. Strophe: „Der Herr segne dich und behüte dich!" – Oder im Lied: „Der Herr, der Schöpfer, bei uns bleib, er segne uns nach Seel und Leib, und uns behüte seine Macht vor allem Übel Tag und Nacht" (EG 140,2).
Das ist der Segen des Schöpfers. Ganz irdisch wird es hier. Was nannten denn die Alten Segen? Sie nannten es Segen, wenn das Vieh und die Felder fruchtbar waren, wenn es genug Korn und Wein gab, wenn Kinder geboren wurden und am Leben blieben. Das ist Segen. Fruchtbares, gelingendes Leben. Und sie wussten, dass dieser Segen nicht *ohne* ihre Arbeit, aber auch nicht nur *auf Grund* ihrer Arbeit gewährt wurde, sondern wenn es gut ging, *durch* ihre Arbeit hindurch.
Segen ist ganz irdisch. Gott gönnt uns das Leben und das Schöne am Leben: die Freude über das gute Essen und das Kribbeln im Bauch, wenn man sich verliebt, den Klang der Musik und den kühlen Trank nach einer Wanderung, den PC, der nicht abstürzt, und das Zimmer, in dem ich mich wohl fühle. Gottes Segen ist das Alltägliche: die Brötchen beim Bäcker und die Hilfe des Arztes, das wirksame Medikament und die bestandene Prüfung.
Das alles muss gegeben und behütet werden. Die Alten wussten, dass alles Wertvolle auch zerbrechlich ist. Segen ist darum jeder Unfall, der nicht geschah, und jede Brücke, die nicht einstürzte, jede Bremse, die so funktionierte, wie sie sollte. Reden wir vom Segen, dann ahnen wir zumindest: Das alles machen wir uns nicht selbst. Eigentlich, zuerst und zuletzt und immer wieder mittendrin, leben wir davon, beschenkt zu werden.

2. Strophe: „Der Herr lasse sein Angesicht leuchten über euch und sei euch gnädig!" – Im Lied: „Der Herr, der Heiland, unser Licht, uns leuchten lass sein Angesicht, dass wir ihn schaun und glauben frei, dass er uns ewig gnädig sei" (EG 140,3).
Das ist der Segen des CHRISTUS JESUS. Ist uns das Erste ganz nah, so ist das Zweite nicht weniger wichtig. Gott gibt nicht nur etwas, er gibt sich. Er lässt

sein Angesicht leuchten über uns. Mir fallen zwei Bilder ein: das strahlende Gesicht der Mutter, das das Lachen auf das Gesicht des Kindes zaubert. Und: die Sonne, die hinter den Wolken hervorkommt und uns wärmt und froh macht. So ist Gott. Er ist nicht wie eine dunkle und bedrohliche Wolke. Er ist wie die strahlende Sonne, die über uns aufgeht, uns Wärme und Licht gibt.
Das, wodurch die Bilder so plastisch werden, fasst das alte Wort Gnade in einen Begriff. Gott hat große Zuneigung zu dir. Gott ist entbrannt vor Liebe zu dir. Du bist ihm vor Augen Tag und Nacht. Er ist dir näher, als du ahnst, er ist in Rufnähe. Und alle deine Gleichgültigkeit und Ablehnung, deine Skepsis und dein Widerstand hindern ihn nicht daran, dich lieb zu haben. Und wenn du nur aufschaust und ein kleines bisschen die Türen und Fenster für ihn öffnest, wirst du es erleben. Auch das ist Segen: Ich weiß, woher mein Leben kommt. Ich weiß, wohin ich unterwegs bin. Ich weiß, dass mir verziehen wird, wenn ich mich verfehle. Ich weiß, wozu ich auf dieser Erde bin.

3. Strophe: „Der Herr hebe sein Angesicht auf dich und gebe dir Frieden!" Oder im Lied: „Der Herr, der Tröster, ob uns schweb, sein Antlitz über uns erheb, dass uns sein Bild wird eingedrückt, und geb uns Frieden unverrückt" (EG 140,4).
Das ist der Segen des Heiligen Geistes. Der Frieden ist Gabe, ist Segen. Das Volk Israel, das so viel Krieg und Verwüstung kennen lernen musste, weiß, was es heißt, wenn jeder friedlich unter seinem Weinstock sitzen kann. Dass Frieden wird und bleibt zwischen Mann und Frau, zwischen Vater und Kind, zwischen Ost und West, zwischen Palästinensern und Israelis, zwischen Alten und Jungen, Rechten und Linken, das ist Segen. Und wenn Segen da ist, dann werden die Kräfte zum Frieden stark, dann wächst der Mut, dem anderen wieder die Hand entgegenzustrecken, dann wächst die Kraft, Schuld zu verzeihen und wieder neu zu beginnen. Es wächst auch die Stärke, miteinander zu arbeiten, hart zu arbeiten an dem, was uns trennte.
Irdisches Leben wird erhalten, fröhlicher Glaube wird geweckt, Mut und Kraft zum friedlichen Zusammenleben wird gestärkt. Das gibt es!

3. Trotzdem gilt es!

Wir sind leider noch nicht am Ende. Es wäre schön, wenn wir hier aufhören könnten, nicht wahr? Wir wüssten jetzt, wie das geht mit dem Segnen. Und wir hätten einen Blick in den dicken Prospekt getan, was denn der Segen Gottes so alles bietet.

Und nichts davon ist zurückzunehmen. Gott hat ein kindliches Vergnügen daran, wenn es uns gut geht. Er gehört nicht zu denen, die uns ein schlechtes Gewissen machen, wenn wir das Leben genießen.
Aber... Da gibt es das Aber!
Ein Pfarrer redet mit den Eltern des Täuflings. Sie sprechen über den Segen. Der Pfarrer stellt eine nachdenkliche Frage: „Und wenn jetzt Ihr Kind krank würde...?" Der Vater wie aus der Pistole geschossen: „Dann taugt der ganze Segen nichts."
Aber es ist doch so: Kinder werden krank. Ehen geraten in Krisen. Glaube gerät ins Wanken. Beziehungen zerbrechen. Wir erleben nicht nur Segen. Wir erleben auch das andere.
Und wir müssen noch etwas tiefer fragen: Ist dann der gesunde Reiche der besonders Gesegnete? Und ist der arme Schlucker der von Gott Gestrafte? Hatte jene Oma Recht, die mir nach dem Unfalltod ihrer beiden Kinder sagte: Wissen Sie, Herr Pfarrer, ich bin in der DDR ohne Kirche aufgewachsen, aber ich spüre: Dass mir das passiert, ist eine Strafe für mein Leben. Ist es so, wie die Siegerländer Industriellen im 19. Jahrhundert dachten: Ihr unermesslicher Reichtum ist eben Segen, die Armut der Arbeiter – tja, wären sie nur frömmer! Und taugt der Segen nichts, wenn ich trotz Segen durch schwere Zeiten gehe? Heißt Segen, dass einer nun durch das Leben gleitet wie auf einem permanenten Rollerskate-Parcours, rasch an allem Elend vorbei, das Menschen auf dieser Erde erleiden? Wohl kaum!
Es bleibt ja dabei: Das Leben ist zuweilen gefährlich, sehr gefährlich! Und auch die von Gott Gesegneten bleiben von dem Schweren nicht verschont.
Aber was nützt denn dann der ganze Segen? *Signare* heißt, mit dem Zeichen des Gekreuzigten bezeichnen, so hatten wir „segnen" übersetzt. Das Zeichen des Gekreuzigten zu tragen, heißt auch, durch die Kreuzeszeiten zu gehen. DIETRICH BONHOEFFER hat in einer Andacht in dunkelster Kriegszeit gesagt: „Segnen heißt, die Hand auf etwas legen und sagen: Du gehörst trotz allem Gott."[10]
Du gehörst trotz allem Gott. Trotz allem!
Nichts nehmen wir jetzt zurück von der Freude am Leben und von der Freude Gottes, wenn wir uns freuen. Nichts nehmen wir zurück.
Aber wenn wir das Geheimnisvolle erleiden und durch die Kreuzestage gehen, dann hören wir: Trotz allem Gott! Trotz allem leuchtet die Sonne der Gnade über uns! Trotz allem ist er nicht gegen uns. Trotz allem ist er nicht fern von uns! Trotz allem hat er noch Mittel und Wege, uns zu helfen. Wir sind gehal-

[10] DIETRICH BONHOEFFER: Predigten, Bd. II, 466f.

ten, und wenn es über dem Abgrund ist. Denn wir sind die Gezeichneten des Herrn. Wir tragen seinen Namen wie ein Versprechen.
Darum werden auch die Kranken gesegnet und gerade die Sterbenden, darum entlassen wir auch die Toten segnend aus dieser Welt. Sie tragen das Zeichen des Gekreuzigten. Sie tragen den Namen Gottes. Sie alle können nur geborgen sein. Auch in einem zuweilen sehr gefährlichen Leben.
Und der Friede Gottes, welcher höher ist als alle Vernunft, bewahre eure Herzen und Sinne in CHRISTUS JESUS. Amen.

15 Kniebeugen gegen Herzversagen

Gottesdienst zum 100. Geburtstag des Studienhauses der Pommerschen Evangelischen Kirche, St. Marien in Greifswald, 14.6.1997 – Epheser 3,14-21

14 Deshalb beuge ich meine Knie vor dem Vater, 15 der der rechte Vater ist
über alles, was da Kinder heißt im Himmel und auf Erden, 16 dass er euch
Kraft gebe nach dem Reichtum seiner Herrlichkeit, stark zu werden durch sei-
nen Geist an dem inwendigen Menschen, 17 dass Christus durch den Glauben
in euren Herzen wohne und ihr in der Liebe eingewurzelt und gegründet seid.
18 So könnt ihr mit allen Heiligen begreifen, welches die Breite und die Länge
und die Höhe und die Tiefe ist, 19 auch die Liebe Christi erkennen, die alle
Erkenntnis übertrifft, damit ihr erfüllt werdet mit der ganzen Gottesfülle. 20
Dem aber, der überschwänglich tun kann über alles hinaus, was wir bitten
oder verstehen, nach der Kraft, die in uns wirkt, 21 dem sei Ehre in der
Gemeinde und in Christus Jesus zu aller Zeit, von Ewigkeit zu Ewigkeit!
Amen.

Liebe Gemeinde!
Eine jüdische Geschichte erzählt von zwei Freunden; der eine lädt den anderen zum Geburtstags-Essen ein. Umständlich beschreibt er ihm den Weg: Du musst die Straße raufgehen und dann links bis zum großen Platz, dort rechts und wieder links, über die nächste Straße hinweg, bis du vor einem hellen Haus stehst auf der rechten Seite, und dann trittst du kräftig mit dem Fuß gegen die Tür, und dann komme ich und mach dir auf! – Wieso soll ich mit dem Fuß gegen die Tür treten? Ich kann doch einfach anklopfen! – Na, mein Freund, du wirst doch nicht mit leeren Händen kommen!
Ich hoffe, Sie werden jetzt nicht nervös – aber Sie sind ja bestimmt auch nicht mit leeren Händen gekommen, wenn das Studienhaus Geburtstag feiert! Irgendetwas haben Sie sich bestimmt ausgedacht, was den heutigen Bewohnern des Studienhauses gut tun könnte.
In die Schar der türtretenden Gratulanten mischt sich jetzt einer, der ein bisschen seltsam ist auf den ersten Blick: Der Apostel, dem wir den Epheserbrief verdanken, weiß auch etwas, was dem Studienhaus und seinen Bewohnern gut tut.
Allerdings ist es kein Scheck, kein Bücher- und auch kein Fresspaket, kein

Beitrag zum neuen Weinkeller „Gabriels Kellergeister“. Sein Beitrag zum Geburtstagsprogramm ist ungewöhnlich: es ist ein Gebet.

1. Ich beuge meine Knie vor dem Vater

Damit überrascht uns dieser seltsame Gast: Das, was ich euch wünsche, das, worauf es wirklich ankommt, das kann ich euch gar nicht selbst geben. Das Nötige und Wichtige, das muss von Gott erbeten sein.

Mit Sorgen und mit Grämen
und mit selbsteigner Pein
lässt Gott sich gar nichts nehmen,
es muss erbeten sein. (EG 361,2)

Es ist ein Irrweg zu meinen, das, was uns persönlich wachsen ließe, sei allein mit etwas mehr Fleiß zu gewinnen. Das, was der Apostel uns wünscht, sei lediglich das Produkt redlicher Bemühung. Das, was unsere Pommersche Kirche bräuchte, kriegten wir bloß durch neue Strukturen und geschickte Programme. Nein, sagt er: Ich beuge meine Knie vor dem Vater.
Vielleicht irritiert uns diese Vorstellung. Vielleicht denken wir ärgerlich: Da macht sich wieder einer klein vor einem göttlichen Despoten. Aber unser Gast winkt ab: Ich beuge mich nicht vor einem Despoten, sondern vor dem Vater.
Gewiss, das ist auch ein Zeichen der Unterordnung. Gewiss, wann immer wir beten, haben wir es mit dem zu tun, der ganz anders ist als wir und heilig. Gewiss, das nimmt schon den Tag vorweg, an dem sich alle, Große wie Kleine, Bedeutende und Unbedeutende, Fromme und Skeptiker vor ihm beugen werden.
Aber, so sagt er uns weiter, er ist ja zugleich der Vater, der rechte Vater. Er ist nicht wie wir irdischen, oft so fragwürdigen Väter, nein: voller Fürsorge und Barmherzigkeit, uns treu zugewandt, zutiefst interessiert an unserem Ergehen. Er ist Urbild und Maß rechter Vaterschaft. Vor ihm beuge ich meine Knie, staunend, dass mein kleines Leben ihn kümmert, ihn, der Himmel und Erde geschaffen hat. Und vor ihm zu knien, das bricht uns sicher nicht das Kreuz – wer vor dem Einen kniet, der kann vor den Menschen gerade stehen.
Von ihm erwarte ich auch das, was ihr braucht. – Und so zieht er uns hinein in sein Gebet, ermutigt uns, vom Vater Gutes zu erwarten, ihn konkret und präzise zu bitten um das, was wir brauchen und uns doch selbst nie sichern können. Ja, er möchte, dass unser Studienhaus auch ein Bethaus wird. Und er denkt

sich, dass es dem Studienhaus gut täte, wenn die, die sich ihm verbunden fühlen, für die beten, die dort jetzt wohnen.
Dass er dabei ernsthaft daran denkt, auf die Knie zu gehen, mag uns verkopften Protestanten nur zusätzliche Mühe bereiten. Wir haben es halt gerne „geistiger", so wie es im Gebet Manasses heißt: „Ich beuge die Knie meines Herzens vor Gott." Ernsthaft, „die Knie meines Herzens"! Ich glaube allerdings, der fremde Gast meint wirklich richtige Knie, arthritisch oder nicht. Wer kniet, opfert die Hälfte seiner Größe, und sein Gebet ist Gebet mit allen Sinnen. Nicht dass man nicht auch im Sitzen beten könnte, aber vielleicht probieren wir es einmal aus, wie es ist, wenn unsere innere Haltung Gott gegenüber sich äußert in einer Gebärde – und warum nicht auch im Knien?

2. Ich beuge meine Knie und bitte, dass ihr stark werdet an eurem inneren Menschen

Was alles täte uns gut? Wenn wir stark würden an unserem inneren Menschen! Stark werden sollen wir, gerade nicht gebeugt und schwächlich, sondern aufrechte Menschen.
Das ist nicht der geistige Mensch, das ist vielmehr die neue Kreatur, der Mensch in CHRISTUS, der aus der Taufe gekrochen ist und im Glauben lebt. Nicht ein seelisches Bodybuilding ist das Thema, sondern der Mensch, der im Glauben lebt. Und der soll stark werden.
Und das präzisiert der fremde Gast auch noch: Der innere Mensch reift heran, wenn CHRISTUS in seinem Herzen wohnt und er so, gerade so, in der Liebe verwurzelt und gegründet ist. Also, stimmige Bilder sind nicht die große Stärke des Apostels, drei Bilder in einem! Wir schauen mal nur auf eines:
CHRISTUS macht sich klein. Er hat sich schon klein gemacht, als er Mensch wurde. Aber er macht sich noch einmal klein, indem er umzieht in unsere Herzen. Und wenn wir ihm auf sein Klopfen hin aufmachen, dann will er dort *wohnen* und sich nicht mit dem Gastzimmer abspeisen lassen.
Er will in unser Herz, unsere innere Kommandozentrale, dorthin, wo bei uns die Fäden zusammenlaufen, die Prioritäten gesetzt werden, die Vorlieben gepflegt werden, die Entscheidungen fallen.
Es stört ihn nicht, wenn es da etwas unaufgeräumt ist, damit hat er sicher keine Probleme. Mit der Zeit schafft er sich seine Ordnung. Er will ja nicht in uns hausen, sondern wohnen. Manchen lästigen Untermieter wird er vor die Tür setzen. Den Ephesern wird noch gesagt, welche: Lüge, Zorn, Diebstahl, Bitterkeit und böses Gerede haben da, wo er einkehrt, nichts mehr zu suchen.

Platz aber hat die Gewissheit, dass wir zutiefst und bedingungslos geliebt sind. Platz hat die Freude, dass unser Leben von höchster Stelle bejaht wird. Platz hat der Trost, dass sich daran fortan auch nichts mehr ändern wird.
Diese Gewissheit bekommen wir durch das Wort der Apostel und Propheten, das er mitbringt und dem er Raum schafft in unserem Herzen. Gut, wenn wir für dieses Wort in unserem Alltag Raum schaffen.
Platz hat übrigens auch die Erfahrung, dass die Liebe CHRISTI nicht nur unsere Defizite deckt, indem unsere Schuld vergeben wird, sondern dass sie uns obendrein begabt und mit allem ausrüstet, was nun wieder andere brauchen. Wir erfahren unbedingte Wertschätzung, aber auch behutsame Veränderung.
MARTIN LUTHER schreibt zu dieser Stelle: „Es soll ein Wesen sein: dass man inwendig mit dem Herzen glaube und denselben Glauben auswendig mit der Liebe beweise, also dass es ein Tun, nicht ein Reden, ein Leben und nicht ein Schwätzen sei."
So ist das, wenn CHRISTUS Raum in uns gewinnt. Nicht, dass wir immer besser und immer frömmer würden und eines Tages sagen könnten: So, lieber JESUS, jetzt kannst du die Koffer packen, wir schaffen das jetzt auch allein, unsere Glaubensmuskeln sind so enorm gewachsen, dich brauchen wir nicht länger. Das ist es gerade nicht. Wir bleiben angewiesen auf CHRISTUS, den Zuspruch seiner Liebe und die Zufuhr seiner Kraft.
Das aber wünscht uns unser Gast, dass wir uns dieser Bitte öffnen: Unser Studienhaus ist auch ein Ort, an dem junge Theologinnen und Theologen reifen können – in ihrem inneren Menschen. Klar, dass wir weiterhin Doppelkopf spielen und Fußball; klar, dass wir donnerstags beim Essen nostalgische Rückblicke hören auf erlesene DDR-Köstlichkeiten, dass wir über die Professoren tratschen und den Schwaben Nachhilfe geben in Pommerscher Lebenskunst, über den Hebraicumsstress stöhnen und die theologischen Lehrstühle in Restdeutschland kompetent besetzen.
Klar! Aber auch das bedarf der Pflege und Aufmerksamkeit: dass wir Raum haben für das Wort des CHRISTUS, für das Gespräch darüber, wie wir das Leben im Glauben üben können und den Glauben im Leben bewähren.

3. Ich beuge meine Knie und bitte, dass ihr die Breite und die Länge, die Höhe und die Tiefe erkennt

Unser Gast sieht nicht nur, wie sich CHRISTUS klein macht, er sieht das Gegenteil. Er sieht, wie CHRISTUS alles umfasst. Er sieht ihn als den, der nicht nur in unseren Herzen wohnt, sondern auch das Universum umfasst. Hier mäkelt ein

Ausleger, der Apostel „schleiermachere" ein bissel und mühe sich, uns Sinn und Geschmack für das Unendliche zu vermitteln.
Doch das sehe ich ganz anders. Es ist wohl nötig und tut uns gut, von CHRISTUS auch so zu denken, ihn auch so zu glauben, dass es keinen Raum gibt, in dem er nicht herrscht, keine Sekunde, in der er nicht präsent wäre, keine Situation, in dem ihm die Geschäfte ein wenig entgleiten. Unser Gast überschlägt sich fast in der Wahl seiner Worte. Gerade großspurig könnte wirken, was er da mehr anbetend als bittend ausspricht: Von Gottes Fülle ist die Rede; von dem, der überschwänglich tun kann über Bitten und Verstehen; von der Liebe CHRISTI, die jede Erkenntnis übersteigt. Und damit ist er bei seinem Lieblingsthema, bei der Liebe CHRISTI. Und die – so sagt er – ist eben in einem Menschenleben nicht auszuloten. Auch in einem Theologenleben nicht.
Da ändert sich die ganze Redeweise, da fängt der Apostel an zu singen und zieht uns hinein in sein Lob, bis wir ganz selbstvergessen mit allen Heiligen loben und lobend erkennen, wie tief und wie hoch, wie breit und wie lang die Liebe CHRISTI ist.
Und das Verrückte ist, dass dabei die Proportionen wieder ins rechte Lot kommen: Das Kleine wird klein, das Bedrückende verliert sein Gewicht, und wir finden von der elenden Mangelorientierung hin zum Reichtum der Kirche: zur Liebe CHRISTI. Und das brauchen wir, auf den Mangel orientiert, wie wir sind.
Da sagt einer in diesen Tagen: Unsere Kirche macht mich traurig, sie kennt nur noch den Mangel: den Mangel an Geld, den Mangel an Gottesdienstbesuchern, den Mangel an Bedeutsamkeit.
Unser Gast ist überhaupt nicht mangelfixiert. Fülle, nicht Mangel ist sein Thema. Er nähme gewiss auch die Geldsorgen der Pommerschen Kirche ernst.
Hier geht es nicht darum, denen, die sich um ihre Zukunft in einem kirchlichen Beruf sorgen, zuzuraunen: Es wird schon nicht so schlimm. Auch am Festtag ist es wahr: Ihre berufliche Zukunft ist alles andere als sicher. Und es geht nicht darum, denen, die irgendwie neue Strukturen suchen, von der Kanzel herab eine kräftige Watschen zu verpassen.
Aber unser apostolischer Gast würde dem Mangel nicht gestatten, uns zu besetzen. Er würde uns Mut machen, von der Liebe CHRISTI her zu denken. Nicht: Was können wir retten an Gebäuden und Institutionen? Sondern: Wie können wir mit den Menschen in Pommern zusammen die Liebe CHRISTI feiern? Nicht: Wie bewahren wir uns einen Rest volkskirchlicher Rundumversorgung? Sondern: Wie bauen wir neu Gemeinden, die die Liebe CHRISTI mit Wort und Tat bezeugen? Nicht: Was wird bleiben als Rest von der Kirche in Pommern? Sondern: Wie wird CHRISTUS seine Verheißung einlösen, dass die

Gemeinde JESU bleibt und dass auch die Pforten der Hölle sie nicht unterkriegen werden? Nicht: Wie werden wir fertig mit der großen Depression? Sondern: Was dürfen wir erwarten für unsere Kirche und unser Land von dem, dem alle Gewalt gegeben ist im Himmel und auf Erden und sogar in Pommern? Nicht: Wie bringen wir wenigstens ein paar noch dauerhaft in A13-Brot und BAT II-Arbeit? Sondern: Wie können wir die Fülle der Gaben, die aus dem Reichtum CHRISTI erwachsen, in unserer Kirche nutzen? Es kommen gewiss schmerzhafte Veränderungen. Aber es ist doch etwas völlig anderes, wenn wir uns im Lob der Liebe CHRISTI ausrichten auf die Fülle, die von ihm herkommt.

Das also wünscht uns der fremde Gast zum 100. Geburtstag – im Ganzen eine Hinwendung zum Herzen aller Dinge, zu CHRISTUS, zum Gebet, zum Hören auf das Wort der Apostel und Propheten und zum anbetenden Lob.

Sie müssen nun nicht meinen, nach so gewichtigen Gaben würden wir das verachten, was Sie dem Studienhaus heute mitgebracht haben: die Schecks, die Bücher- und die Fresspakete, die Weinflaschen für „Gabriels Kellergeister" sind uns hochwillkommen. Treten Sie ruhig kräftig gegen die Tür: lang-kurz-kurz wäre das Zeichen für den Bibliothekar, kurz-lang-lang für den Kellermeister.

Amen.

16 Heilig ist Gott und was ihm zugehört

Ev. Kirchengemeinde Zarnekow, 25. 10. 1998 – 1. Thessalonicher 4,1-8

1 Weiter, liebe Brüder, bitten und ermahnen wir euch in dem Herrn Jesus, da ihr von uns empfangen habt, wie ihr leben sollt, um Gott zu gefallen, was ihr ja auch tut –, dass ihr darin immer vollkommener werdet. 2 Denn ihr wisst, welche Gebote wir euch gegeben haben durch den Herrn Jesus. 3 Denn das ist der Wille Gottes, eure Heiligung, dass ihr meidet die Unzucht 4 und ein jeder von euch seine eigene Frau zu gewinnen suche in Heiligkeit und Ehrerbietung, 5 nicht in gieriger Lust wie die Heiden, die von Gott nichts wissen. 6 Niemand gehe zu weit und übervorteile seinen Bruder im Handel; denn der Herr ist ein Richter über das alles, wie wir euch schon früher gesagt und bezeugt haben. 7 Denn Gott hat uns nicht berufen zur Unreinheit, sondern zur Heiligung. 8 Wer das nun verachtet, der verachtet nicht Menschen, sondern Gott, der seinen heiligen Geist in euch gibt.

Liebe Gemeinde!
Ein Mann und seine Frau sitzen im Kino und schauen sich einen Liebesfilm an. „Ob sie sich wohl kriegen?“, raunt die Frau dem Mann zu. „Ganz gewiss“, flüstert der zurück. „Solche Filme enden immer tragisch.“
Damit sind wir schon mitten im Thema unseres Bibelwortes: Es geht um Fragen von Liebe und Ehe. Aber es geht nicht irgendwie um Liebe und Ehe. Es geht vielmehr um Liebe und Ehe als Beispiele dafür, wie Heiligung aussieht. Vielleicht denken Sie jetzt: Also, das eine wäre ja schon schwierig genug, aber das beides zusammen?!
Darum möchte ich Ihnen zunächst ein wenig erzählen, wie das war mit PAULUS und der Gemeinde in Thessalonich.
PAULUS hat die Gemeinde selbst gegründet. Zwischen ihm und der Gemeinde war ein besonderes, ein herzliches Verhältnis. PAULUS sieht auch gar keine akuten Probleme. Er kann sogar sagen: Ich weiß ja, dass ihr schon tut, was gut und richtig ist. Er kennt nur sich und die Seinen ganz gut; manchmal muss man an das Nötige erinnern, auch wenn es gerade keine Probleme gibt.
Und PAULUS tut das auf ganz behutsame Art und Weise. Da ist kein erhobener Zeigefinger, da wird nicht alles, was Spaß macht, erst einmal madig gemacht. PAULUS bedrängt und bedrückt nicht, er bittet, er ermutigt, er spricht freundlich und doch klar.
Mir fällt auf, dass er die Gemeinde auch gar nicht an sich bindet. Nicht was er

gut findet oder was seinem Geschmack entspricht, ist wichtig. PAULUS bindet die Gemeinde an JESUS: Was er geboten hat, das ist gut, lebensdienlich, aufbauend. Und dazu ermutigt PAULUS: Lasst euch an das binden, was Gottes Wille ist.
Und so herzlich seine Beziehung zur Gemeinde ist, so wenig ist er bereit, ein Blatt vor den Mund zu nehmen. Er nennt die Dinge beim Namen und scheut auch das nicht, was vielleicht gerade nicht dem Trend entspricht.
Ich musste beim Lesen sehr daran denken, dass wir in der Schule drei Typen von Lehrern hatten. Zwei davon mochten wir nicht: die Knallharten, die uns zwar im Griff hatten, aber nie unser Vertrauen fanden – und die Pflaumenweichen, mit denen wir trieben, was wir wollten. Respekt und Vertrauen fanden die Lehrer, die uns herausforderten und doch zeigten, dass sie uns mochten; die Disziplin forderten und doch ein weites Herz für uns hatten. Die respektierten wir, und zu denen wären wir im Zweifel gegangen, weil – nicht: obwohl – sie uns gewiss nicht nach dem Munde redeten.
So, denke ich mir, ist es den Thessalonichern mit PAULUS und PAULUS mit den Thessalonichern gegangen.
So redet PAULUS mit ihnen über zwei Fragen, zum einen über die Heiligung, zum anderen über Liebe und Ehe.

Zum einen: Die Heiligung

Wenn PAULUS über Heiligung spricht, dann hat er nicht die Leistungsträger der Menschheit vor Augen, die Außerordentlichen, die wir vielleicht heilig sprächen. Er denkt nicht an die, die wir als Heilige verehren, weil sie in besonderer Weise Mut bewiesen haben wie DIETRICH BONHOEFFER, oder weil sie sich im Dienst für die Ärmsten verzehrten wie MUTTER TERESA VON KALKUTTA. Er denkt gar nicht an Menschen mit besonderen Eigenschaften oder Qualitäten.
Die Heiligen von Thessalonich waren Menschen aus einer quicklebendigen Hafenstadt. Da gab es Ehrbare und weniger Ehrbare oder gar nicht so furchtbar Ehrbare unter den Heiligen.
Diese Heiligen unterscheidet nur eins von den anderen: sie trugen den Namen des Gekreuzigten. Heilige sind Menschen, die dem CHRISTUS JESUS gehören. Wer ihm gehört, ist heilig. Ich muss das noch einmal ganz deutlich sagen: Wer dem CHRISTUS JESUS gehört, der ist heilig. „Heilig“ ist also kein Qualitätsbegriff, sondern beschreibt in der Bibel ein Eigentumsverhältnis. Ein Ausleger schreibt: „Heilig ist Gott und was ihm zugehört.“ Nicht, dass du so gut bist,

macht dich heilig. Nicht, dass du so furchtbar auf die Nase gefallen bist, macht dich unheilig. Die Frage ist, wem du gehörst.

Heilig ist, worauf Gott die Hand gelegt hat und wozu er sagt: Du bist mein Eigentum. Das hat er bei uns zum ersten Mal getan, als wir getauft wurden. Und wenn es gut ging, haben wir dem irgendwann auch selbst zugestimmt: Ja, dein Eigen will ich sein.

Lass mich dein sein und bleiben,
du treuer Gott und Herr,
von dir lass mich nichts treiben,
halt mich bei deiner Lehr.
Herr, lass mich nur nicht wanken,
gib mir Beständigkeit;
dafür will ich dir danken
in alle Ewigkeit. (EG 157).

Und bei solchen Heiligen beginnt die Heiligung: Ich will nun auch ganz und gar sein Eigen sein. Wenn ich einmal eine Ahnung davon bekommen habe, dass Gott mich jedenfalls nicht kaputtmachen will, sondern in allem Gutes für mich im Schilde führt, dann will ich nichts mehr vor ihm verschließen.

Es ist wie bei einem Vater und einer Mutter, die ein Kind adoptieren, das ein paar Jahre von Heim zu Heim geschoben wurde. Jetzt hat es ein Zuhause. Und da darf es sein und bleiben. Es bekommt den neuen Namen. Ganz sicher gehört es jetzt zu diesem Vater und zu dieser Mutter. Die werden es nicht mehr vor die Tür setzen, auch wenn es vielleicht lange Zeit Mühe hat, sich an den Stil des Hauses zu gewöhnen. Es mag Tassen zerdeppern und Unordnung schaffen, es mag sich herumtreiben und den Eltern Schmerz bereiten. Es bleibt Kind in diesem Haus; und ganz allmählich wird es sich verändern. Die Liebe der Eltern wird abfärben. Das Misstrauen dem Leben gegenüber wird ausheilen. Es wird Freude daran haben zu tun, was den Eltern gefällt. Es wird einsehen, dass der Stil des Hauses gut ist und gut tut. Stückchen um Stückchen wird es sich verändern.

Das ist Heiligung. Ich öffne mein Leben Stück um Stück für das, was Gott gefällt. Die Gebote bestimmen mich immer mehr. Heiligung ist Heilung meines Lebens, Stück um Stück.

Das dauert ein Leben lang. Ich werde damit nicht fertig, bis sich mein Leben vollendet. Das Spannende daran ist, dass ich mich offenbar immer noch ändern kann, auch wenn ich vielleicht schon eine große Strecke meines

Lebens hinter mir habe. Und das Wohltuende daran ist, dass ich immer neu anfangen kann. Ich gehöre ihm ja schon ganz: Heilig ist Gott und was ihm zugehört. Und wenn es schief ging, und wenn ich wirklich böse gescheitert bin, dann tritt er nicht auch noch, was fiel, sondern macht mir Mut: Ich setze dich nicht vor die Tür, mein Kind, komm, steh auf, fang noch einmal ganz von vorne an.

Das ist das Erste, worüber PAULUS mit seiner Gemeinde spricht. Aber damit es nicht so blass und farblos bleibt, geht er einen Schritt weiter. Was das im Leben bedeutet, das zeigt er seiner Gemeinde am Beispiel der Ehe.

Zum anderen also: Heiligung in Liebe und Ehe

Da haben wir es schwer in der Kirche. Es scheint fast so, als gäbe es nur die einen, die die Gebote der Bibel auf den Müllhaufen der Geschichte werfen: Das ist doch von vorgestern! Oder die anderen, die das heilige Gebot Gottes hochhalten und zu vergessen scheinen, wie schwer es werden kann, danach zu leben; wie bitter und schmerzhaft es ist, daran zu scheitern. Das sind dann die, die sich mächtig entrüsten, wenn sie über den Verfall der Werte sprechen.

Bei PAULUS gibt es weder die Laxheit der einen noch die Unbarmherzigkeit der anderen. Wie könnte es das auch geben, nach dem, was er über die Heiligung denkt! Da ist Raum für den guten Willen Gottes, zugleich aber auch ganz viel Erbarmen mit denen, die daran zerbrochen sind. „Du bist und bleibst mein, ich, dein Gott, lasse dich nicht im Stich.“ Heiligung hat es ja mit Heilung zu tun.

Vielleicht werden wir allmählich wieder etwas hörbereiter, wenn es in Sachen Sexualität um Gottes Gebot geht. Gott hat uns als sexuell empfindende Wesen geschaffen und gewollt. Auf ihn kann sich nicht berufen, wer Sexualität für etwas Schmuddeliges erklärt. Aber er will uns durch sein Gebot helfen, so mit Sexualität, Liebe und Ehe umzugehen, dass wir nicht andauernd anderen Schmerz zufügen und uns selbst zerstören. Vielleicht spüren wir auch, dass sexuelle Befreiung noch keine Garantie ist für Glück und gesunde Beziehungen. Und vielleicht merken wir, dass uns die Emanzipation von Gottes Geboten viel Schmerz und Not bereitet hat.

Wie sieht dann die Heiligung aus? PAULUS erklärt es im Blick auf Liebe und Ehe anhand von drei Beispielen.

Das erste Beispiel: Meide die Unzucht, „porneia“ steht da im Griechischen. Er denkt dabei an jede Form von Sexualität, die sich löst von dem Schutzraum einer exklusiven und lebenslangen Treuegemeinschaft. Dazu sagt Gott in der

Tat „nein". Und er tut das nicht, um uns den Spaß zu verderben. Er tut es, weil er möchte, dass die, die miteinander schlafen, auch auf Dauer füreinander sorgen; nach Möglichkeit Kinder großziehen, aneinander reifen und wachsen.

Das zweite Beispiel warnt davor, den Bruder oder die Schwester zu übervorteilen, d.h. in die Ehe eines anderen einzubrechen. Nicht nur meine, auch die Ehe des anderen ist Gott heilig. Es gehört eine gehörige Portion Mut dazu, in den Spiegel zu gucken und sich zu sagen: Dazu wäre ich fähig. Ich – nicht die anderen. Ich brauche diese Ermahnung.

Und das dritte Beispiel ermutigt uns, immer wieder den eigenen Ehepartner zu gewinnen in aller Heiligkeit und Ehrerbietung. Dieses Beispiel möchte ich noch etwas herausstreichen.

Ein Zeitgenosse des PAULUS schrieb: „Ein Mensch darf alles machen, was er mit seiner Frau machen will, gleich dem Fleisch, das aus dem Schlachterladen kommt. Will er es mit Salz essen, so darf er es, gebraten, so darf er es, gekocht, so darf er es." Dagegen PAULUS: Gottes Wille ist eure Heiligung, und das heißt hier, für euch, die ihr in einer Ehe lebt: Erhaltet euch den Respekt voreinander. Der andere ist nicht das Objekt eurer Lust, nicht dazu da, eure Bedürfnisse zu befriedigen. Du sollst nicht den Leib begehren, ohne das Herz zu ehren. Auch wenn es vielleicht nicht so grob zugeht wie bei jenem Zeitgenossen: Wie schnell geht in unseren Beziehungen der Respekt vor dem anderen in die Brüche!

Aber es steckt noch mehr darin; hier werden auch die ganz anständigen, nach außen hin intakten Ehen angesprochen, in denen doch der Wurm steckt. Heiligung heißt da mehr als äußerliche, bürgerliche Ordnung. Den eigenen Partner immer wieder zu gewinnen suchen – das heißt doch, ich kann ihn auch verlieren und verloren geben. Da wohnen wir noch Wand an Wand, aber das Gespräch ist verstummt oder es geht nur noch um den nächsten Einkauf. Da ist Bitterkeit eingezogen, zu viel ist nie besprochen und geklärt worden. Ein Stück verloren! Da steht etwas zwischen uns, aber keiner tut den ersten Schritt. Da gibt es lange schon keine kleinen Beweise der Liebe mehr, keine Blume und keine Karte und keine Überraschung. Immer wieder ein Stück verloren. Da ist keine Zärtlichkeit mehr, nur noch Trauer.

PAULUS sagt: Kommt, fangt noch einmal an, sucht den anderen wieder zu gewinnen, so wie ihr es damals getan habt, als ihr euch fandet und als ihr dachtet, nur mit diesem Menschen kann ich glücklich werden. Entdeckt noch einmal das, was euch an dem anderen so sehr angezogen hat. Und investiert noch einmal Mühe und Phantasie und Zeit, um den anderen zu gewinnen. Wartet nicht, bis er sich aufmacht. Darum: Fangt an! Und nehmt euch noch einmal

aus der Hand Gottes entgegen. Wie war das, als ihr euch Liebe und Treue versprochen hattet vor dem Altar? Erneuert noch einmal dieses Ja zueinander. Sprecht miteinander! Und wenn ihr merkt, da ist zu viel zwischen uns, das packen wir nicht mehr allein, dann sucht euch einen, dem ihr vertraut; lasst euch helfen. Stark ist, wer Hilfe sucht und annimmt.
Das wäre Heiligung, heilsamer Aufbruch aus dem Alten, heilendes Wagnis, Gott zu gehorchen.
PAULUS redet behutsam und klar mit den Thessalonichern. Über die Heiligung: „Du gehörst zu Gott, so überlass dich ihm ganz!“ Und über Liebe und Ehe – damit es nicht ist wie in den Filmen, die immer tragisch enden.
Amen.

17 The Lord will pay for me

Ev. Kirchengemeinde Blesewitz, Gottesdienst „Blaues Kreuz" am 26. 8. 1998 – 1. Timotheus 1,12-17[11]

12 Ich danke unserem Herrn Christus Jesus, der mich stark gemacht und für treu erachtet hat und in das Amt eingesetzt, 13 mich, der ich früher ein Lästerer und ein Verfolger und ein Frevler war; aber mir ist Barmherzigkeit widerfahren, denn ich habe es unwissend getan, im Unglauben. 14 Es ist aber desto reicher geworden die Gnade unseres Herrn samt dem Glauben und der Liebe, die in Christus Jesus ist. 15 Das ist gewisslich wahr und ein Wort, des Glaubens wert, dass Christus Jesus in die Welt gekommen ist, die Sünder selig zu machen, unter denen ich der Erste bin. 16 Aber darum ist mir Barmherzigkeit widerfahren, dass Christus Jesus an mir als Erstem alle Geduld erweise, zum Vorbild denen, die an ihn glauben sollten zum ewigen Leben. 17 Aber Gott, dem ewigen König, dem Unvergänglichen und Unsichtbaren, der allein Gott ist, sei Ehre und Preis in Ewigkeit! Amen.

Liebe Gemeinde!
Es geschah in London: Zwei Deutsche mit mäßigen Sprachkenntnissen bestiegen einen dieser schönen Doppeldeckerbusse. Einer von den beiden fand unten Platz, der andere spazierte aufs Oberdeck. Als der Schaffner nun kam und kassieren wollte, bemerkte der junge Mann unten sowohl den Mangel an Geld als auch an Vokabeln. Sagen wollte er jedenfalls, dass der Herr oben auf dem Oberdeck für ihn bezahlen würde. Tatsächlich sagte er: *The Lord will pay for me*. Der Herr im Himmel wird für mich zahlen.
Was im Doppeldeckerbus eher blamabel ist, ist im Evangelium genau die Wahrheit. Das ist das Evangelium: *The Lord will pay for me*. Da hat einer schon meine Schulden bezahlt. Da hat einer die ungedeckten Schecks und die überzogenen Konten zu seiner Sache gemacht und für uns bezahlt.
PAULUS sagt es so: „Das ist gewisslich wahr und ein Wort, des Glaubens wert, dass CHRISTUS JESUS in die Welt gekommen ist, die Sünder selig zu machen, unter denen ich der Erste bin."

[11] Zuerst veröffentlicht: Theologische Beiträge 29 (1998), 113-117.

Warum aber ausgerechnet dieser PAULUS? Warum hat sich Gott so viel Mühe mit diesem verstockten, fanatischen, ehrgeizigen Rabbi aus Tarsus gegeben?

Warum Paulus?

Erste Antwort: Weil Gott diesen fanatischen, verstockten und verblendeten Rabbi aus Tarsus liebte

Ein vierzehnjähriger Junge wurde gefragt, wer denn seiner Meinung nach Gott ist. Und er antwortete: Gott ist derjenige, der 6 Milliarden Menschen so lieb haben kann, als wären sie alle seine Einzelkinder.
Bei PAULUS wird nicht nur diese Quantität der Liebe Gottes deutlich, sondern auch ihre Qualität. Noch erstaunlicher nämlich als die Tatsache, dass Gottes Liebe so endlos vielen gilt, ist die Tatsache, dass Gott ausgerechnet so einen auch noch lieben kann.
Denn PAULUS beschönigt nichts. Ganz deutlich redet er von seinem Leben vor Damaskus. „Ich war ein Lästerer, ein Verfolger, ein Frevler." Er redet nicht vornehm allgemein von der Sünde, wie wir es tun, indem wir bekennen, alle Sünder zu sein, die mit Gedanken, Worten und Werken gesündigt haben. Er deckt schonungslos auf, was in seinem Leben Sache war: Der Christenverfolger war zutiefst ein Christusverfolger. Moralisch integer, religiös von tiefer Frömmigkeit, ein Vorbild im Halten der Gebote, ja, aber doch in abgrundtiefem Widerspruch gegen Gott. Er, der Kluge, zutiefst unwissend, verblendet, in Irrtum verstrickt. „Ich habe den Messias Gottes verflucht, ich habe ihm wehgetan, indem ich seine Leute gepeinigt habe. Ich, der ich rein, gerecht und fromm sein wollte, ich wurde zu einem Sünder, nein, zum größten überhaupt: Ich bin der Erste unter den Sündern."
Da erlebt PAULUS sein Damaskus. Er begegnet JESUS: „Saul, Saul, warum verfolgst du mich?" – „Wer bist du?" – „Ich bin JESUS, den du verfolgst." Wie vom Blitz getroffen sinkt PAULUS zu Boden. Blind und stumm führen sie ihn nach Damaskus. Aber JESUS richtet seinen Feind nicht hin, er richtet ihn auf. Durch einen schlichten Mann erfährt PAULUS die Vergebung JESU und zugleich die Berufung zum Boten und Apostel. So ist das: „Der Menschensohn ist gekommen zu suchen und selig zu machen, was verloren ist. – *The Lord will pay for me.*– Das ist gewisslich wahr und ein Wort, des Glaubens wert", so bekräftigt es der Apostel viele Jahre später in seinem Schreiben an Timotheus. Was muss ich sein, um von Gott angenommen zu werden? Nur

eines, sagt PAULUS: ein Sünder, der sich von JESUS finden und retten lässt. Denn selbst mit meiner, mit des größten Sünders Sünde, ist er fertig geworden.

Mir ist Erbarmung widerfahren, Erbarmung, deren ich nicht wert;
das zähl ich zu dem Wunderbaren, mein stolzes Herz hat's nie begehrt.
Nun weiß ich das und bin erfreut und rühme die Barmherzigkeit.
Ich hatte nichts als Zorn verdienet und soll bei Gott in Gnaden sein;
Gott hat mich mit sich selbst versühnet
und macht durchs Blut des Sohns mich rein.
Wo kam dies her, warum geschicht's? Erbarmung ist's und weiter nichts.
So lässt PHILIPP FRIEDRICH HILLER (EG 355) den PAULUS und uns singen.

Warum Paulus?

Zweite Antwort: Weil Gott genau diesen Mann mit seinen Gaben und Fähigkeiten gewinnen wollte als Mitarbeiter in seiner Sache

PAULUS erfuhr sein Damaskus als Lebenswende und Berufung: in der Apostelgeschichte heißt es: „Dieser ist mein auserwähltes Werkzeug, dass er meinen Namen trage vor Heiden und vor Könige und vor das Volk Israel“ (9,15). Wen Gott findet, den beruft er auch. PAULUS kann darüber nur staunen: Ausgerechnet mir, dem Lästerer und Verfolger und Frevler, vertraut Gott so eine große Aufgabe an! – Eigentlich müsste der PAULUS doch untauglich sein. Gewiss, er hat sein Examen als Rabbi, aber bei Gott müsste er doch durchgefallen sein. Aber so arbeitet Gott: am liebsten mit Leuten, die eigentlich bei ihm durchgefallen sind. So macht Gott das: Er wollte diesen PAULUS, damit die Leute in Kleinasien von JESUS, dem Retter, hören, dann die in Philippi, in Thessalonich, Korinth und Athen und Rom.
Weiter: Guckt euch Gottes Weitsicht an! Er wollte sich den PAULUS von der Gegenseite herüberziehen, damit der Römerbrief geschrieben werden konnte. Und der Galaterbrief und die Korintherbriefe, die Grundurkunden christlicher Theologie. Er fädelte das ein, dass durch diesen Christenverfolger die Christenheit bis heute gesegnet würde.
Und er wollte diesen Paulus als Partner für Silas und als väterlichen Lehrer für Timotheus. So stellte er seine „Mannschaften“ auf.
Bei uns ist es nicht anders: Er will uns, und wenn er uns hat, dann will er uns als Mitarbeiter. Er gibt uns einen Vorschuss an Vertrauen und Kraft und dann schickt er uns los.

Warum Paulus?

Die dritte Antwort gibt er uns selbst: „Aber darum ist mir Barmherzigkeit widerfahren, dass Jesus Christus an mir als Erstem alle Geduld erweise, zum Vorbild denen, die an ihn glauben sollten zum ewigen Leben"

Also: Es geht bei PAULUS nicht bloß um PAULUS. Es geht bei PAULUS um eine weltweite Demonstration: Die Tragweite und die Macht des Evangeliums werden an PAULUS demonstriert. Er ist nicht nur ein Prediger des Evangeliums, hier wird er selbst zur Predigt des Evangeliums.
Wenn in einer Firma einer auf krumme Gedanken kommt und über die Stränge schlägt, dann kann es passieren, dass der Chef ihn vor versammelter Mannschaft zur Rede stellt und bestraft. Er weiß: „Ich muss ein Exempel statuieren. Ich muss an diesem Beispiel allen klar machen, was passiert, wenn einer aus der Reihe tanzt." Der eine, der nicht pariert hat, wird zum Exempel für den Rest der Mannschaft.
Mit PAULUS hat Gott auch ein Exempel statuiert. Aber genau anders herum. Gott hat PAULUS vor versammelter Mannschaft, vor aller Welt hingestellt: So ist das, wenn einer der Barmherzigkeit Gottes, wenn einer JESUS begegnet. Damit ihr es alle wisst: An PAULUS könnt ihr sehen, wie die Barmherzigkeit Gottes auch das verkorksteste Leben wieder hinkriegt. Wenn das bei PAULUS geht, dann geht es bei allen, dann geht es auch bei uns, dann darfst du wissen, dass es auch bei dir geht, dann darfst du nicht länger meinen, ausgerechnet für dich reiche die Liebe Gottes nicht mehr aus. Es ging bei PAULUS, also geht es bei allen. PAULUS wurde zum Muster, zum Testfall, zum Vorbild für jeden Menschen, dem JESUS begegnet und dem in JESUS die Barmherzigkeit des ewigen Gottes begegnet.
Es ist, wie wenn eine Eisenbahnbrücke[12] gebaut wird. Ist die neue Brücke fertig, so schickt man am Ende einen unbemannten Zug über die Brücke. Dieser Zug ist viel schwerer bepackt, als es ein normaler Zug je wäre. Wenn der Zug hinübergefahren ist und die Brücke gehalten hat, dann kann sie für den Verkehr freigegeben werden. An PAULUS ist die Belastbarkeit der Liebe Gottes erprobt worden. PAULUS ist der Probelauf der ewigen Barmherzigkeit Gottes: Bei wem sollte es nun nicht reichen? Willst du ernsthaft sagen, für dich reiche Gottes Barmherzigkeit nicht aus?

[12] Dieses Bild verdanke ich WILAND WIEMER.

So ist das also: Gott wollte den PAULUS als geliebtes Einzelkind, als Missionar und Lehrer, als Exempel für die ganze Menschheit.

Warum Paulus?

Vierte und letzte Antwort: An Paulus wird deutlich, was ein Vorbild und was ein Heiliger ist

PAULUS nennt sich selbst ein Vorbild für die, die nach ihm zum Glauben an JESUS finden sollten. PAULUS – ein Vorbild. Ich denke, wir haben einen anderen Begriff von Vorbildern. Das Vorbild ist für uns der glaubwürdige Mensch, der aus der Masse der Menschen herausragt, in der Sage ein Held, in der Literatur oft ein einsamer Idealist, in der Religion ein Heiliger. Wir bewundern diese Vorbilder und schauen zu ihnen auf.
Aber wir haben manchmal auch unsere Not mit ihnen: Sie stehen so hoch über uns, dass sie für unsere kleinen Verhältnisse unerschwinglich erscheinen. Außerdem, zu Schulbuchgeschichten und Predigtepisoden verarbeitet, bekommt das Vorbild oft einen leicht säuerlichen Nebengeschmack. Mit erhobenem Zeigefinger wird uns das Vorbild mahnend vor Augen gehalten. Und schließlich: Heutzutage machen sich die Vorbilder rar. Wer ist schon noch so, wie er es als Vorbild sein sollte? Die, von denen wir es mit als Erste erwarten, enttäuschen uns: etwa die Politiker. Ein Ärgernis nach dem anderen lässt das Vertrauen in die Vorbildlichkeit von Politikern schwinden. Sie scheinen doch sehr schwach, versuchbar wie wir, gar nicht mutig, nicht mal heroisch, selten heilig. Das Ganze hat natürlich etwas Heuchlerisches an sich: Wir kritisieren an den Politikern, was bei uns gang und gäbe ist: die kleine Mogelei, das Schielen nach eigenem Vorteil, das Ausnutzen von Amtsprivilegien, die Sorge, das eigene Schäfchen möglichst bequem ins Trockene zu bringen. Wir haben die Politiker, die wir verdienen, ohne Frage.
Gefährlich ist aber der Verlust an Vertrauen, der Verlust an Glaubwürdigkeit. Dieser Verlust gefährdet unser Zusammenleben. Und da kommt uns wieder der PAULUS in die Quere. Er könnte den Politikern und uns aus der Verlegenheit helfen. Für ihn ist ein Vorbild nämlich gerade nicht der glaubwürdige Mensch, der unbescholtene, moralisch herausragende Held, der tapfere, aber einsame Idealist, der Heilige ohne Fehl und Tadel. PAULUS hätte doch auch Stasi-Offizier, Parteispenden-Drahtzieher, Urlaubsreisender auf Kosten der Wirtschaft, über Liebesabenteuer gestolperter Staatspräsident oder wer weiß was noch sein können: Lästerer, Verfolger und Frevler, der Erste unter den

Sündern. Schauen wir noch einmal zurück: PAULUS ist ein Vorbild, das nicht auf sich zurückverweist, er ist ein Vorbild, das über sich hinausweist. Und das ist entlastend und verbindlich zugleich:
PAULUS kann ehrlich werden: Ich bin ein Sünder, ich war ein Frevler, Lästerer und Verfolger. Der ist also ein Vorbild, der zu seiner Schuld stehen kann. Weiter: Mir ist Barmherzigkeit widerfahren durch JESUS. *The Lord has paid for me.* Mir ist vergeben worden. Der ist ein Vorbild, an dem Gottes Vergebung als Befreiung sichtbar wird. Weiter: Er hat mich stark gemacht, mir einen Vertrauensvorschuss gegeben und mich in Dienst genommen. PAULUS sieht die Erneuerung und Veränderung in seinem Leben. Der ist ein Vorbild, an dem Gottes Kraft zu erkennen ist, die ein verkorkstes Leben erneuert.
Kein Wunder, dass PAULUS bekennt: Ich bin Gott dankbar. Kein Wunder, dass die Kurzbiographie des Apostels mit einem lauten Lob Gottes endet. Das ist eine Art von Vorbild, die uns nicht erdruckt, sondern ermutigt. Eine Art von Vorbild ohne moralinsauren Beigeschmack. Eine Art von Vorbild, die Politikern und Bürgern wieder Zugang verschaffen könnte zu vorbildlichem Leben und zu Respekt vor öffentlichen Vorbildern: ehrlich, in der Kraft der Vergebung, der Erneuerung und der erneuten Beauftragung.
Vorbilder in diesem Sinne brauchen wir auch als Christen, durchaus auch Heilige. Es ist ja nicht so, dass unsere evangelische Kirche nichts von den Heiligen wüsste. Das Augsburgische Bekenntnis räumt zwar auf mit den Heiligen, die für uns beten und bitten sollen. Da hat niemand etwas zu suchen zwischen dem Herrn JESUS und uns. Aber die Kirche ermutigt uns, das Leben von Heiligen zu studieren, sie ermutigt uns, auch lebenden Heiligen zu folgen, uns auf Zeit bei vorbildlichen Christen in die Schule zu begeben, ihnen in den Kochtopf zu gucken, um aus ihrem Leben in der Nachfolge JESU zu lernen für unser Leben in der Nachfolge. Wir brauchen Vorbilder im Glauben, Heilige in diesem, des Apostels PAULUS Sinne. Im Augsburgischen Bekenntnis, Artikel 21, heißt es über die Heiligen dementsprechend: Man soll der Heiligen gedenken, auf dass wir unseren Glauben stärken; wenn wir an ihnen sehen, wie ihnen Gnade widerfahren ist, wie ihnen auch durch den Glauben geholfen worden ist, dann auch, wie uns ihre guten Werke ein Exempel geben.
So ist das also: PAULUS – ein Einzelkind Gottes, ein Mitarbeiter in Gottes Mission, ein Exempel für die Tragkraft der Liebe Gottes und schließlich ein Vorbild und ein wahrhaft evangelischer Heiliger. So viel Mühe gab sich Gott mit PAULUS. So viel Mühe macht sich Gott mit jedem von uns.
The Lord will pay for me.
Amen.